富《ふ》士《じ》川《かわ》游《ゆう》の世界

医学史、医療倫理、そして宗教

田畑 正久
桑原 正彦
富士川 義之
松田 正典
佐々木 秀美
栗田 正弘
土屋 久

富士川游（慶應義塾大学図書館提供）

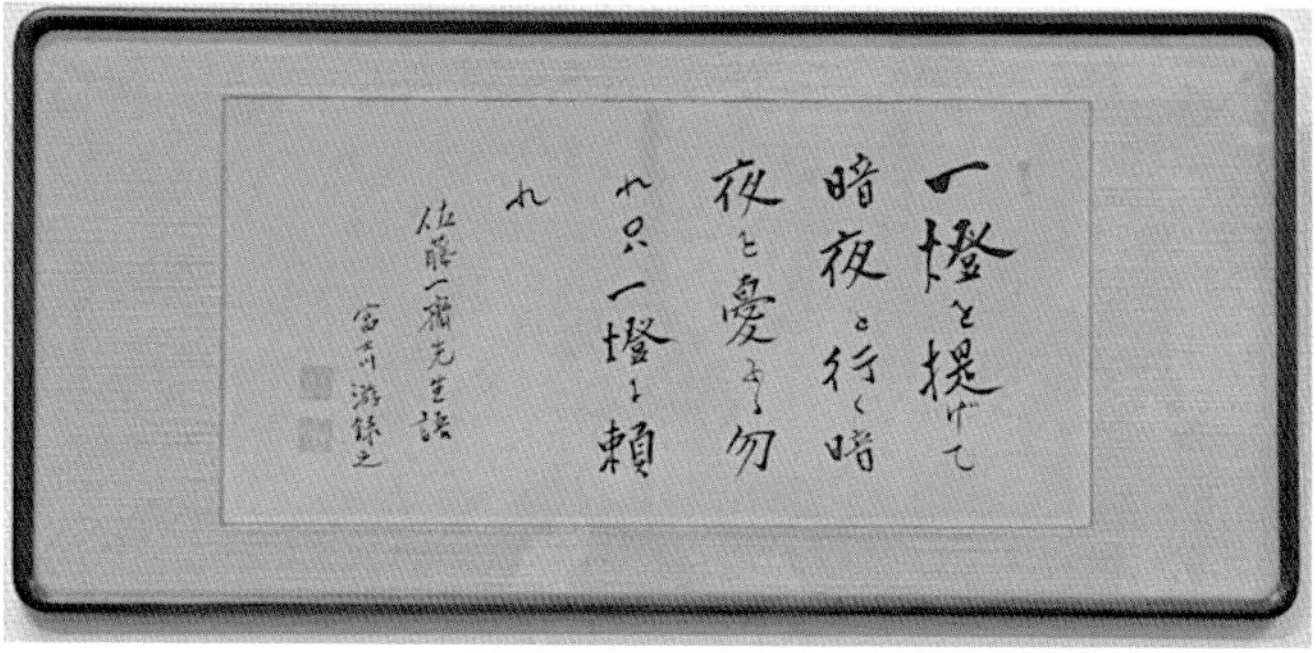

一燈を提げて
暗夜を行く暗
夜を憂ふる勿
れ只一燈を頼
れ
佐藤一齋先生語
富士川游録之

富士川游の揮毫書（広島県医師会提供）

安佐医師会　医の倫理のすすめ

「医箴」（いしん）　富士川　游

第一　医師ならば人を選ばず慈しみ全ての人の苦を救うのみ
第二　医師たるは内に真心外に威儀欲は無くして頭（こうべ）も低し
第三　診察は慎重にして雑ならず細密なるも決断要す
第四　治療には細かきことも気を配り知るを施し悔いの無きよう
第五　痛みをば倦まず弛（たゆ）まず和らげよ不治の者への医師の優しさ
第六　病む者が死を疑えば医師頼る言葉はっきり態度ゆったり
第七　病む者を仁医能く容れ能く忍ぶ手厚くせんと励み努めよ
第八　病む者の性格家庭大事なり人と事とをとくと観るべし
第九　処方箋誤り書けば害多し劇薬ならば殊に用心
第十　治療法他医をむやみに批評せずその医の良きを説いて諭（さとせ）せ
第十一　名声を求むるよりは信頼ぞ名を得んとして信失うな
第十二　医師はただ黙（もだ）して信に背くなよ秘密辱じをば聞き及ぶとも
第十三　医師同士敬い合うが一番ぞ互いに睦み周りも和む
第十四　腕揮い専（もは）ら安全図る時疑う嫌う共に有る無し
第十五　問題に人を率いてひるまぬは私利を図らぬ善良な医師

（医箴歌　狩野　充德　作）

富士川游「医箴十五カ条」現代語訳
※安佐医師会公用封筒に印刷されている

まえがき

このたび、広島市安佐地区に生まれ、日本の医療界に大きな貢献をされた、富士川游先生の顕彰の出版の取り組みがなされましたことに、深い敬意を表します。

富士川游先生は広島にとどまらず、広く日本の医療界へのメッセージを残されています。西洋医学の導入期より、医学・医療の、科学的思考の医学知識、医学技術だけではなく、病人の全体を考える対応の大切さを一貫して主張されました。「医学という学問が進み、技術がいかに進んでも、医道が確立されていなければ、十分ということはできない」と発言され、医師は病気にだけ着目するのではなく、病人を救う人格性を持つことの大切さを指向されたことは特記すべきことで、現在の医療界も耳を傾けるに値することと考えます。

富士川先生は仏教、特に浄土真宗に造詣が深く、ドイツ留学中には当時の西欧の哲学・宗教に触れて、改めて先生自身が小さいころからご縁のあった親鸞聖人の教え、庶民に浸透した浄土真宗の無条件の救い、老病死の臨床現場で生きてはたらく仏教を評価して、社会へ、そして医療界に発言し行動を起こされています。

生老病死の四苦は、医療の課題であると同時に仏教の課題でもあったのです。しかし病気との闘いにおいて、西洋医学の目を見張るような進歩とともに、仏教的な面が軽んじられたことは、時代性のなかで避けられなかったのでしょう。富士川先生の「医療と仏教の協働」の願いは、当時の時代・社会性の中ではなかなか注目されなかったようです。

西洋医学導入から百数年が経過し、その間、先輩方のご苦労によって、日本は世界に誇る長生きを享受できるようになりました。長寿は実現できましたが、現在では長寿の質、生命・生活の質が問われています。長寿社会を迎えて、改めて老病死をマイナス要因とだけ見るのではなく、老病死の受容の文化、「人間として生まれてよかった。生きてきてよかった」と言える仏教文化に医療界も関心を持って、本当に「病む人の心を大切に」が実現できる医療現場が願われることであります。

個人的なことになりますが、私の父、横倉弘吉は学生時代から九州大学仏教青年会に属しておりました。終戦後、父は家族の疎開先であった高田町（現・福岡県みやま市高田町）住民の強い要請に応じて診療所を開設しました。開業当時は三年間の約束であったのですが、地域のニーズに応える中で七十数年が経過し、今日の社会医療法人弘恵会へと発展して、私たちに引き継がれています。

父は仏前で毎晩「正信偈」をあげる生活をし、恩師入江英雄先生（元九州大学総長）よりいただいた「病む人の心を大切に」の言葉のような、全人的医療を行う人生を全うして、九十六歳で往生浄土しました。

日本医師会も二〇一七（平成二十九）年に、第XV次 生命倫理懇談会 答申「超高齢社会と終末期医療」の中で、宗教的ケアや臨床宗教師との関わりの方向性の大事さを発表し、全人的医療を推進してきました。

このたびの富士川游先生顕彰の広島県医師会の取り組みによって、日本の医療界が、病気だけを救うのではなく病人の救いを考えることの大切さ、そして医療と仏教（宗教）の取り組みの大切さに気付いていくきっかけになることを期待して、一文をしたためさせていただきました。

二〇二一（令和三）年四月一日

日本医師会名誉会長（第十九代日本医師会会長・二〇一二～二〇二〇）
社会医療法人 弘恵会 ヨコクラ病院 理事長 **横倉 義武**

富士川游の世界——目次

＊本文中『浄土真宗聖典（註釈版）第二版』（本願寺出版社）は『註釈版聖典』と略記しています。

現在において富士川游を顕彰する意義

田畑正久

田畑 正久（たばた まさひさ）

医師。佐藤第二病院院長、龍谷大学客員教授、「西本願寺 医師の会」発起人、大分県宇佐市円徳寺門徒総代。

国立中津病院外科医長、東国東国保総合病院院長、龍谷大学教授などを歴任。

2015年、ビハーラ医療団（代表：内田桂太、田代俊孝、田畑正久）の活動により、公益財団法人仏教伝道協会「第49回仏教伝道文化賞　沼田奨励賞」を受賞。

【著書】『医療文化と仏教文化』『医者が仏教に出遇ったら』（本願寺出版社）、『病に悩むあなたへ』（東本願寺出版）他。

一、顕彰の意義

九州で医療の仕事をしてきた私が富士川游先生（以降、敬称を略します）を知るようになったのは、広島大学名誉教授の松田正典先生とのご縁です。医学部五年生の時、九州大学仏教青年会の総務担当者として、活動に方向性を見出せないで悶々としていた時に、広島大学出身の細川巖先生（一九一九～一九九六、当時は福岡教育大学教授、化学）に巡り会い、ご指導をいただくようになりました。仏教の学び（聞法）を数年した頃、細川先生より松田先生を紹介していただきました。富士川と私の共通点は、浄土真宗と医学・医療という背景をもってのご縁でありまず。さらに、松田先生より桑原正彦先生を紹介していただき、富士川顕彰の企画に参加させていただくことになりました。

今回、広島県安佐医師会が富士川游を顕彰されることの大きな意義は、先生が浄土真宗の土徳の地である広島で、大乗仏教の至極としての浄土真宗、すなわち念仏の教えを身につけられ、西洋文化に直接に触れたうえで、「宗教と医療の協働」という課題に先見の明をもって、医学・医療界に情報発信をして働きかけられたことにあると思われます。

明治時代、ドイツ医学を取り入れて日本の医学・医療を創設する時代、富士川は廣島縣病院附属醫学校（現・広島大学医学部）を卒業、上京します。その後、ドイツに留学し医学の研鑽を積むと同時に、哲学・宗教にも関心を持ち、西洋文化の基礎を学んでいます。帰国後は、日本の医学界の黎明期に大きな貢献をされました。

医学と仏教は「生老病死の四苦」の解決を共通の課題としています。しかし残念ながら、日本では両者の協力の文化が育たないまま現在に至っています。今こそ両者の協力関係、協働の文化が求められていると思うのです。富士川は、「安芸門徒」として念仏の教え、浄土真宗こそ医学と協力して全ての人に寄り添う教えであるとの確信を持ち、老病死を受容して人間を丸ごと救う念仏の教えを勧められたのです。その心をもって、臨床の現場では、「病気を診るのではなく、病人を診ましょう」と言われたと思うのです。人間を無条件に救う浄土の道を感得された人の、自然なる心からの願いであったと思われます。

高齢社会を迎えた現在の日本（そして世界）の医療現場において、富士川は西洋医学を受け入れる黎明期に、全ての人（患者、家族、そして医療者）の救いを実現する浄土の教えを先見の明をもって願い、発言したと思われます。

二、医療と仏教

日本人の多くは、医療と仏教が同じ「生老病死」の四苦を課題としていることに目を向けていません。

私は細川巌先生との出会いまで、常識的な科学的合理思考で考え生活していました。その後、浄土真宗を学び、そのお育てによって自然と念仏の道を歩んでいます。卒業後は外科に進み、同時に継続した仏教の学びをしました。それらの経験から、科学的思考の医学と仏教の立場の両方の視点をいただいています。

三十歳頃、仏教関係の本を読んでいましたら、埼玉医科大学哲学教授の秋月龍珉先生（一九二一～一九九九、禅宗・師家）が、医学部の学生に「皆さん方は人間の〝生老病死〟の四苦を扱う医療の仕事に将来携わるのでしょう。仏教は同じ〝生老病死〟の四苦に取り組み、解決の道を見出して二千数百年の歴史があるのです。同じ課題に取り組んでいくわけですから、医療の仕事に携わる者は是非とも仏教的素養をもってほしい」と語りかけていた、との記述を読んで少し驚きました。世間の「常識」では「生きているうちは医療、死んでから仏教」という偏見が多い中で非常に勇気づけられました。

「第二十三回　日本医学会総会」（一九九一年、京都）での開会講演で、福永光司先生（一九一八～二〇〇一、京都大学名誉教授）も秋月師と同じような指摘をされています。「医学には、道教の説く技と道の両立が必要である。技とはすなわち技術、道とはすなわち生命の哲学である。しかし、医師は生命の誕生、老い、痛み、死に対する哲学を持っていなければ、患者に対する正しい判断はできず、信頼も生まれてこない。良い医師は技術者であると同時に、哲学者でなければならない」、そして、「今の医師は技を求めることに急であって、道を求めることをおろそかにしたがために、人々の尊敬を受けなくなった」と言われています。

三、仏教は役割を終えたのか

「科学が進歩してない時代には、仏教には人を癒すなど役割はあったが、医学の進歩で医療現場において仏教は役割を終えた」というイメージを持っている医療者が多いように思われます。私自身も仏法に出遇うまでは、そう思っていました。

仏法の学びの中で、仏教への偏見は持っていても、仏教の何たるかを知らないことを実感しました。仏教は医学と競争して病気を治療しようというのではなく、病人の救いです。仏教の救いの特徴は「二の矢を受けない」ということです。

仏教のさとりや智慧をいただいても、縁次第では病気（「一の矢」を受ける）になります。仏教者が病気になれば医療の専門職にお任せして、医師・看護師の治療・看護を受けるのが基本です。仏教は老病死に直面した時、心の中に引き起こされる種々の苦悩（二の矢）に処する智慧としてはたらくのです。

仏の智慧は、さとり（信心）より見える、大局的な理性・知性の分別（以後、理知分別と略す）を超えた無分別智といわれる観点です。老病死すらも悠々と受容して人生を生ききる道に導くのです。

科学に準拠する医学・医療は「死んでしまえばおしまい」と考える傾向があり、老病死を受けとめる道を見出すのは難しいでしょう。

東北大学文学部に臨床宗教師（チャプレン）養成講座を立ち上げる際（二〇一二年）に大きな貢献をされた岡部健医師（一九五〇〜二〇一二）は、自分自身が進行がんになり死を意識した時、「日本の文化に、死にゆく者の道しるべを失っていることに驚いた」（奥野修司『看取り先生の遺言』文藝春秋）と発言されています。

免疫学者の多田富雄先生（一九三四〜二〇一〇）と仏教学者の多川俊映先生（一九四七〜、法相宗管長）の対談（朝日新聞デジタル版二〇〇六年四月十二日付）の記録に、多田先生は、「貫首様のおっしゃるように、『死』を思わぬ『生』が横行しています。私は脳梗塞で生死の境をさまよったからか、『生の中の死』、『死の中の生』に意味を見出しました。死の影を感じながら生きる充実感、生きる喜びをやがて来る死の瞬間まで持とうという意思です。生と死を対立的に考えないからです。知らず知らずに、死の中の生を生きている。生の中の死を生きている感覚です。仏教が生死を包括的に捉える立場は、混迷した世相に知らしめるべき時だと思います。（中略）生命科学は、医学にも革新をもたらしましたが、人が幸福になるためには、不老不死を追い求めるのではなく、魂を救う方策を見つけなければなりません。

最近の心が寒くなる犯罪では、何かが人間から失われてゆくような感じを持たざるを得ません」と発言されています。

多くの医療者は「無宗教です」と誇らかに発言して、特定の宗教、宗派に属さないことを知識人としての矜持のように思っていますが、治療できない老病死に直面して、尊厳死、安楽死、などと言っても本音では戸惑いを感じ、患者に寄り添うことはできないのではないでしょうか。

四、仏教は宝物の蔵である

㈠富士川が出遇い、大事にした仏教

宗教哲学者の大峯顯師（一九二九～二〇一八、大阪大学名誉教授）によれば、仏教は宗教哲学的に世界宗教とされています。また、民族宗教から発展して、目覚め、気付き、さとりといった普遍的真理への展開があり、地域、民族、社会、時

代を超えた広がりのあるものとして、仏教、キリスト教、イスラム教を挙げられています。

富士川の感得した仏教は浄土の教え、すなわち親鸞聖人《しんらんしょうにん》（一一七三〜一二六三）を宗祖とする浄土真宗です。仏教というと多くの人は、天台宗、法相宗、禅宗などの聖道門の教えを想起します（浄土真宗の土徳のある地域の人はちがうでしょう）。それはお釈迦さまの歩まれた方向（向上）の道、現代人の発想（身心を修行して仏に近づく）に沿う教えだからです。

浄土真宗は、聖道門仏教とは受けとめの方向が全くの逆方向です。仏の世界から、迷える衆生を救わんがために、仏の智慧（無量光）といのち（無量寿）を「南無阿弥陀仏《なもあみだぶつ》」という言葉に込めて現われた（向下）仏の教えです。浄土の教えの受けとめには、よき師・友（善知識）を通して仏の心に触れることが大切になります。広島は浄土真宗の土徳のある地域であり、南無阿弥陀仏に救われてその感動を連綿と伝える伝統がお寺を中心に伝わってきています。富士川も安芸門徒の中でお育てをいただいたのでしょう。

㈡浄土の教え、すなわち浄土真宗

浄土真宗の信心はお釈迦さま、法然聖人（一一三三～一二一二）、親鸞聖人、よき師、富士川、そして私たちにまで伝えられている同一の信心です。

世間で普通に考える信心とは、個人がお経や師匠の教えを信頼して指導に従って仏に近づく努力や精進、自我意識の個人が信頼するという意味での信心（信用、信頼）でしょう。

浄土真宗の場合は、そのような信用、信頼といった意味での初めに信心を求めません。教・行・信・証の言葉が示すように、「教え」とは南無阿弥陀仏の教えです。南無阿弥陀仏は言葉になった仏です。その心を、私の仏教の師・細川巖先生は「汝、小さな殻を出て、大きな世界を生きよ」とわかりやすく示されています。その教えが良き師・友を通して私に届けられるのです。師や友が南無阿弥陀仏の徳を誉めたたえることを聞くことで、南無阿弥陀仏の背後に宿されている意味（智慧と慈悲）や心に触れるのです。そのはたらき（「行」）が私の心に至り届くと、私は今までの思考（理性、知性の分別）を止めるのではなく、それをさしおいて、仏の智慧の思考を大事にしていこう（信心、仏智をいただく（「信」））と転じるのです。同時に仏に呼応して「南無阿弥陀仏」と念仏（証、さとり、目覚め）するのです。これが「教」「行」「信」「証」の順番で示されることです。

南無阿弥陀仏には「わが名（南無阿弥陀仏）を呼ぶものは必ず救う、という仏の喚び声」「我に任せよ、必ず救う」「念仏する者を浄土に迎えとる」「南無阿弥陀仏に仏の智慧と慈悲の心を込めてあなたに届けたい」という願いが込められています。

私の信心は法然聖人、親鸞聖人、富士川と同じ心ですが、先輩がたの学識、人徳、知恵、能力が私と同じなどとは決して言えません。しかし、阿弥陀如来よりいただいた信心（仏の智慧をいただく）なので同じなのです。「信心」とは、対象である阿弥陀如来に対しての思い（信頼）を固めることではなく、阿弥陀如来から私が真実に目覚まされたこととして捉えているからです。浄土の教えをいただくものは、「自らが罪深い迷いの存在であることに目覚め、そのような存在であっても必ず生かされていく仏の道があることに気づき、驚いて自然と頭が南無（帰依する）と下がる」という展開になるのです。

信心を「信知、信受、信順」で説明することができます。信知とは、仏の無量光（智慧）に照らされ私の相（すがた）がはっきりと知らされ、そして仏の智慧と慈悲の心をハッキリと感得することです。信受とは実生活を通して仏の教えがより受け取れるようになり、教えを通して日々の生活の意味を感得できるようになることです。信順とは、今までの自分の思考や思いの迷いの姿に気付かされて、その思いを翻して「仏の教えに順じて生きていこう」となることです。これらは、仏のはたらきに触れて自然と転じられるように導かれたのです。これは大乗の至極としての浄土真宗が、現代において全ての人を無条件（老病死の苦に直面する人をも）に救う、救われる道を示している所以です。

仏教（浄土の教え）を継続して学び始めた人は、初めは「わからない、わからない」と必ず言います。その中で、ある念仏者から聞いた次の言葉は示唆に富むものです。

「法話を聞きに来て、わかろうとして、わからん、わからんと言う人は、本当に聞いてないからだ。わかろうとする人は、自分の理解の中に仏教を入れようとする人だ。仏教を自分の理解の中に入るものと勘違いしている。大事なことは『お話の前に全我を投げ出して聞くこと』だ。そうすれば、お話を受け取ることができるようになるでしょう」

私たちは理性、知性（理知）による「わかる、わからない」という分別を判断の中心に据え、いつの間にか、それを依りどころとして生きています。多くの人が、この理知を極めていくことが人間としての理想だと考えています。私も若い時はそうでした（今でもその傾向がありますが…）。

宗教と哲学の関係を、哲学者の大峯顯師は「宗教は私たちのどのような哲学的反省も届かない深いものだということです。なぜ如来（仏様）に救われるかは、人間の理知で分かりません。私たちが如来に救われなければならないというのは神秘です。お浄土も神秘です」（『科学技術時代と浄土の教え』響流書房）と述べています。さらに大峯師は、「お浄土と簡単に言いますが、誰もお浄土を見たことがないのです。でも、お浄土に生まれて仏になるのは真理です。人間の理知では分からないだけなのです。（科学的に）理由付けをして納得できるものは宗教と呼べません。私たちがそれを聞いたら、深く安心できるようなもの、そういう世界が宗教です」と続けています。

仏教は、理知分別の思考とは異質な世界です。仏の智慧は私達の科学的思考の弱点を示し、相対化させるのです。そして多様性に気付かせ、広い世界観に導きます。仏教はまさに宝の蔵という表現がぴったりなのです。

五、経は鏡なり、私の相（すがた）を照らし出す鏡

多くの医師は、現在の教育制度の中で競争を勝ち抜き、医学教育の中で人間の健康管理、そしてすべての病気の病態を学び、治療という、いわば身体を管理支配する訓練と臨床経験を積む医師教育を受けて、日々臨床の実践をしています。外科医として私は、病態によっては、長期間の絶飲絶食を強いられる患者の身体維持管理の中心静脈栄養など行っていました。そこには、人間の全体を把握管理できるという傲慢になる危険を秘めています。

医師は、今までの人生の歩みから「やればできる」「やれないのは努力が足りない」という心根を持つ人が多く、座禅や修行で仏教を学び始める傾向があり、身と心を修めて仏に成っていく道の方がわかりやすいと感じることが多いようです。

戦前、広島の海軍兵学校で唱えられていた「五省」も同じ方向性を示しています。

㈠至誠に悖《もと》るなかりしか〔誠実さや真心、人の道に背くところはなかったか〕
㈡言行に恥づるなかりしか〔発言や行動に、過ちや反省するところはなかったか〕
㈢気力に欠くるなかりしか〔物事を成し遂げようとする精神力は、十分であったか〕
㈣努力に憾《うら》みなかりしか〔目的を達成するために、惜しみなく努力したか〕
㈤不精に亘《わた》るなかりしか〔怠けたり、面倒くさがったりしたことはなかったか〕

これは、学生が各自心の中で反省するものだったと聞いています。

浄土真宗は、時機（時代性と人間の器量）相応の教えと言います。仏滅後千五百年で末法と言われ、貴族支配から武士支配に移る政治の混乱はまさに末法と思われる時代状況でした。仏教界も世俗化して、修行してさとりに到達しようという人格者はほとんどいなかったようです。法然聖人は三十数年、親鸞聖人は二十年間、当時の最高学府の比叡山で学び修行するも、仏には程遠い自分に気付いていったのでした。身と心を修める行をしてみて初めて知らされる自分の器量です。両師とも後に、仏教の修行や教えは実行してみて自分の姿に気付くための鏡であり、必要な過程だったと知らされたのです。

「私がしなければならない身と心の修行を法蔵菩薩は代わりにしてくれて、その修行の功徳の全てを南無阿弥陀仏の名号に込めて、私に届けようとして用意しているのです。それを受け取るか、受け取らないか、のどちらかです、と示されたのが浄土の教えです」という平野修師のお話に触れて、あまりにもあっけない単純な教えであることに戸惑い、驚いた記憶があります。自分の器量・分斉《ぶんざい》を考えずに仏教を考えていたのです。

法然聖人は、仏教の全体の中から時代、器量に応じた教えとしてハッキリさせるという使命をもって、浄土の教えを独立させるという役割を果たされました。

親鸞聖人は聖道門を辞めさせるというよりは、「しっかり実行しなさい、やってみて初めてできない自分の姿に気付くでしょう。良い心、善い行いのできない私をめあてに説かれた浄土の教えが自然と受け取れる展開が起こるのです。浄土の教えこそ、時代、人間の器量に応じた教えです。そこに、釈尊が出世本懐の教えとして『仏説無量寿経』を示された理由があるのです」と考えられました。

蓮如上人（一四一五〜一四九九）と交流のあった一休禅師（一三九四〜一四八一）が、「阿弥陀には 真の心はなかりけり 頼む衆生を のみ救うとは」と歌を詠んで蓮如上人に渡すと、上人は「月影の いたらぬ里は なけれども 蓋ある水に影はやどさじ」と返されたという逸話があります。現代人の理知分別を優先する自力の思考を蓋に例えられているのです。教えに耳を傾けない人には仏のはたらきは受け取れないのです。

六、多くの医療者は仏教のご縁がないまま……

この十年ほど、大分大学医学部（医学科、看護科）の新入生（百六十名）のための「健康科学概論」という講義の一コマを持たせていただいています。私は「人間の苦悩をどう救うか―医療と仏教の協力」という講題で講義をしています。

二〇一九（令和元）年の受講生の感想文を読ませていただきました。

印象的だったのは、九割以上の学生が「仏教の話を初めて聞いた」、そして「医療と仏教が同じ生老病死の四苦に取り組んでいるということを初めて知った」ということでした。後者の感想は龍谷大学の真宗学科の学部生の講義でも、ほぼ同じ反応でした。これは日本人の平均的な感想だと思います。

二十数年前、大分のローカル新聞に全国紙の元文化部長が「医者の傲慢、坊主の怠慢」という題で記事を書かれていました。医療者は診察・治療をする時、人間や人生の全体像に深い洞察を持って患者の老病死に対応しているか、仏教者は日頃、生きた人間を相手にしての取り組みが十分になされているか、との問題提起であったと思われます。

仏教の学びは医療者自身の人生を豊かにすると思われます。米国でチャプレン（臨床宗教師）を経験した知人から聞いて驚いたことがあります。私が「患者や家族のためにかなりの時間を割いているのでしょうね」と尋ねたところ、彼が「病院にいる時間の七割ぐらいは医療者のメンタルケアに時間を割いていた」と答えたことです。日本の医療現場では、そういう配慮がほとんどなされてない実態があります。

七、これをご縁に仏教に触れてほしい

富士川游は念仏の心を受け取られていたからこそ、医療人への願いを自然にもっておられたのです。仏教は常に自分を照らす鏡です。仏の光（無量光、智慧）

に照らされる時、凡夫（凡夫とは仏が私（たち）を言いあてた言葉）の気づきに導かれます。凡夫と気付いた人は浄土教では救われているのです。凡夫と気付くのが難しいのです。理知分別が邪魔をして素直になれないのです。

仏教の救いとは、社会的救い、経済的救い、医学的救いなどとは質が異なります。仏教の救いは「存在の満足」の救いです、人間の思考の立脚地での安心（浄土教では〝あんじん〟と読む）です。人間存在を支える基礎のところの救いなのです。仏教の救いとはどんなものか、最初は誰もわからないのです。仏教を学んで初めて「救いってそういうものか」と驚くことになるでしょう。だから世俗を超えるという表現がなされるのです。

仏とは何か？　救いとは何か？　常識で考えていることはまず間違いと考えてよいと思います。仏や救いがわかっているのであれば、「仏さまのさとり」とか改めていう必要はありません。生きる基本の教えとしての宗教です。気付き、目覚め、さとりの普遍的宗教、それは人生を豊かに実りあるものに導くことになるでしょう。これを機会に、家の宗教から個人の生きる基本としての仏教にご縁をもってほしいと願わずにはいられません。

八、人間を見る視点

お釈迦さまの目覚め、さとりの内容が「縁起の法」です。仏教は、人間存在はガンジス川の砂の数の因や縁が仮に和合して、「我」という存在が現象の如くにあり、一刹那ごとに生滅を繰り返しており（無常）、固定した「我」は無く「無我」である、と教えています。そして縁次第ではいかなる状況にもなります。形として人間の形態をしているが、思考や心のありようで、地獄・餓鬼・畜生・修羅・人・天と六つの状態を経巡っている存在（六道輪廻）であると教えます。六道とは、地獄（さまざまな苦しみを受ける世界）、餓鬼（嫉妬深さ、物惜しみ、欲望の塊の世界）、畜生（弱肉強食が繰り返され、互いに殺傷しあい本能のままに生きる世界）、修羅（独善的な世界。怒りに我を忘れ戦いを繰り返す世界）、人（これで良いのかと考える世界）、天（願い事のかなった、有頂天の世界）で示されます。

六道輪廻は、もともとインドにあった世界観で、仏教は迷いの世界（六道輪廻）を超えることを目指します。仏道は動物的ヒトから人間になることを目指します。そして仏の智慧の導きで迷い（六道）を超えるのです。そして声聞・縁覚（自覚のみ）、菩薩（自覚覚他のはたらきをする）、仏（自覚覚他覚行窮満）と進展します。

九、人間を丸ごと救う仏教

「病気を診るのではなく、病人を診る」ことの大切さを富士川先生が言われたのは、医学が発達していない時代（病気と闘う手段・方法が十分でなかった）に、仏教的な救い、つまり浄土に往生することを語ることによってせめてもの慰みにしようとされたと考える現代の医療人もいるようですが、決してそうではないのです。仏教の救いは世間のこととは質的に違うと述べたように、人間を丸ごと救うのです。

このことは、健康の定義としてWHOの理事会で、今までの三つの要素㈠身体的（physical）、㈡精神的（mental）㈢社会的（social）に加えて、㈣spiritual（霊性的・実存的・宗教的などを示す語）を決議したことに深く関わります。

スピリチュアル（spiritual は適切な日本語訳がないため音写してスピリチュアルと表現）な痛みとは、死や病という人生の危機に直面して、生きる依りどころが脅かされ、生きる意味や目的が不安の中に見失われそうになる全存在的苦痛です。具体的には、生きる意味への問い、苦悩に対する問い、希望がない、孤独感、罪悪感、別離、家族に迷惑をかける、死後の問題などとして表出されます。

浄土真宗的に受けとめるならば、人間に生まれた意味、生きることの意味、死んでいくことの物語（安心に導かれ、仏へお任せ）に気付かされることで救われるのです。現在の医学の領域でいえば、物語に基づく医療（narrative based medicine,

N.B.M.）の内容で、各人の人生観、価値観、死生（生死）観に関連する領域です。
鈴木大拙師（一八七〇〜一九九六）は、「われわれの世界は一つでなくて、二つの世界だということです。そしてこの二つがそのままに一つだということです」と語り、「二つの世界の一つは感性と知性の世界、今一つは霊性（spirituality）の世界です」と述べています。人間という存在の全体像を考える時、「心の奥の魂の領域」の大切さを言われています。これが宗教の世界でしょう。

生死を超える仏教、すなわち無条件の救いを実現する念仏の心に触れた者は、「病気」ではなく「病人」を診るという視点に自然となります。それは病人が丸ごと救われる仏道があることを知っているからです。

現代のように、医学が長足の進歩をなす時代でも、人間は老病死を避けることはできません。新型コロナウイルス騒動の中にあって、生死を超える仏教の大切さを思わずにはおれません。

富士川游の世界

桑原正彦

桑原 正彦(くわばら まさひこ)

医師。医療法人唐淵会桑原医院院長、広島県安佐医師会顧問(富士川游顕彰委員会長)、日本小児科医会顧問、広島市安佐南区浄楽寺門徒。

広島県医師会副会長(生命倫理委員会担当)、広島県小児科医会長、日本小児科医会副会長などを歴任。旭日双光章受賞、第十三回日本看護協会ヘルシー・ソサイエティ賞受賞。

【著書】『近代医療と生命倫理』『同・続編』『同・続々編』(編著/日本医事新報社)、『医療情報と生命倫理』(共著/太陽出版)、『患者さんのこの一言』(共著/日本医事新報社)他。

一、生い立ちから上京へ

富士川游は、一八六五（慶応元）年五月十一日、現在の広島県広島市安佐南区長楽寺に生まれました。

父は、富士川雪《すすぐ》（一八三〇～一八九八）、長楽寺の開業医でしたが、学問が好きで、浅野侯の医官・西道壽の門に入り、一方芸州藩の藩儒・頼聿庵《らいいつあん》（一八〇一～一八五〇）の経籍を学びました。その後、長崎の楢林峡山に蘭方外科を学び、さらに吉雄幸載（一七八八～一八六六）について瘍科を修めました。広島へかえり、近隣の医師を集めて、奨進医会を結成。当時の医療技術の種々の学説を実地に応用できるよう勉学することを目的としました。この会は、一八七九（明治十二）年より私立奨進医会と改名して活動していましたが、後に、富士川游が東京で全国規模に拡大発展させています。

富士川游は、一八七三（明治六）年、八歳の時に、現在の広島市内にある開成舎に入学しました。長楽寺から開成舎まで片道八キロの距離を、朝早くから提灯を提げて徒歩で通学していました。この時の苦労が、後に揮毫文として残されています。

　一燈を提げて暗夜を行く
　暗夜を憂ふるなかれ
　只一燈に頼れ
（佐藤一斎語）（口絵参照）

一八七七（明治十）年、浅野学校（後の修道学園）に入学。当時の校長で、漢学者の山田十竹（一八三七〜一九〇五）の指導を受けました。一八七九（明治十二）年、游は、当時英語教育を中心にしていた広島県中学校に転校しました。しかし長続きせず、一八八〇（明治十三）年に京都に出て、独逸語学校（後に療病院予科醫學校）に入学します。

一八八一（明治十四）年六月、母の急逝に伴い、広島に帰省。九月から、廣島縣病院附属醫學校（のちの広島医學専門学校、広島大学医学部）に入学することになります。一八八七（明治二十）年に卒業しますが、在学中から、東京の「醫事新聞」や「東京醫事新誌」を自宅で購読していました。在学中の一八八四（明治十七）年三月十日の「中外醫事新報」（第九十五号）に、「醫語ヲ一定スルノ議」を投稿、当時の医学用語の混乱を統一することを提唱しました。さらに、一八八五（明治十八）年三月十日号には「生卵に対する特異素因」を投稿。このテーマに関する紙上論争を行いました。

卒業後は、しばらく広島市江波の避病院（当時の伝染病専門病院）に勤務しています。

二、東京での活動と古医書の収集

一八八七（明治二十）年秋、二十三歳の富士川游は初めて上京しました。上京してすぐ、明治生命保険会社の嘱託医として生計を立てながら、中外醫事新報社に入社します。当時、創設者の原田貞吉（一八五二〜一九三二）が一人で切り盛りしていましたが、富士川游の入社とともに、そのほとんどの仕事を彼に任せてしまいました。

一八八九（明治二十二）年二月に「普通衛生雑誌」を創刊、その年の四月には、近隣の医者に呼びかけて医者集団を結成し、〝奨進醫会〟と名付けました。その後、「私立奨進醫会雑誌」を創刊します。当時、奨進醫会の会員は、二百八十名を超える名前が記されていましたが、その九割は広島県在住医師でした。この会の趣旨について、次のように記されています、

一　実際医学ノ研究及ビソノ上進ヲ図ル
二　医ノ徳義ヲ維持センコト
三　医ノ風紀ヲ高尚ニスルコト
四　医ノ権利ヲ拡張スルコト

本会の幹事として、呉秀三、藤波常吉、長野久馬太、福山又一、大林一彦、春日穣、鼓四郎、松田堅道、尼子四郎、富士川游らが参加していました。

子息の富士川英郎（一九〇九～二〇〇三）によれば、游が医学史に本格的に取り組み始めたのは、一八九〇（明治二十三）年頃からであるといいます。広島時代からも有名人の墓を訪ねて、墓誌の記録を手帳に写していたということです。（富士川英郎『富士川游』小澤書店、一九九〇年）

その一例は、大阪城南の城露庵に永富独嘯庵の墓を見つけた時のこと。荒れはてた庵の番僧に聞いても、どれがその墓なのかわからないと言います。そこで、苔むした墓を一基ずつ、草をはがしながら探していると、なんと「處士永富独嘯庵之墓」と記した墓が見つかり、大喜びしたそうです。（富士川游「独嘯庵先生の墓」より）なお、富士川英郎によれば城露庵は藏鷺庵の誤記であるとのことです。

この時期の富士川游のもう一つの事業は、古医書の収集でした。何でも西洋医学を重視し、漢方排斥の社会の流れの中で、古医書の収集は容易ではなかったといいます。おまけに、赤坂で眼科を開業していたホイットニー（W.N.Whitney）や、当時の支那公使館の楊守啓というライバルがいました。それぞれ、莫大な古医書を集めて、フィラデルフィア陸軍衛生文庫と北京の図書館に収納していたのです。

富士川游の集めた古医書は、およそ二万冊といわれていますが、平安時代からの貴重な医学書でありました。その多く（約一万五千冊）は、京都大学附属図書館に寄贈されており、残りは慶應義塾大学の北里記念医学図書館や日本大学図書館に収納されています。現在、これらの書籍の閲覧は特別な手続きが必要となっています。

富士川游の語録から——
歴史を研究する上には、まず考察をして、それを証明するために、諸種の書物——医学のみならず、人類学、土俗学の書物まで調べて考証する。それであるから、百の材料の中で、役に立つのは十位のものである。

（富士川游先生刊行会『富士川游先生』厚徳社、一九五四年）

三、ドイツ留学と日本醫学史

一八九八（明治三十一）年二月八日、父・雪が亡くなりました。葬儀を済ませた游は、早速旅装を整え、四月十六日、横浜から「丹羽丸」に乗船します。中外醫事新報社からの派遣で、ドイツの医事法制の視察や神経病学の研修が目的でした。

船と汽車での約二カ月の旅です。三宅良一（一八七五〜一九六一、眼科、後に広島県医師会長）と同伴して、六月下旬に、游は目的地のイェーナに到着しました。

ドイツには、游の知己の人が多くいました。大西祝（一八六四～一九〇〇、後の京都帝国大学教授、哲学）、呉秀三（一八六五～一九三二、東京帝国大学教授、精神病学）、下田次郎（一八七二～一九三八、東京女子高等師範学校教授、哲学）、藤浪鑑（一八七〇～一九三四、京都帝国大学教授、病理学）らとの旧交を温めることになります。イェーナ大学では、シュティンツィング（Roderich Stintzing）教授について、理学療法、特に水治法の指導を受けました。水治法は、冷水浴の他に温水浴、蒸気浴等があり、神経病者に対しては理学療法の一つでありました。滞在中に、日本の按摩術の歴史を執筆して「Die Massage in Japan」を当地の「医学と外科学のグレンツゲビートのための中央雑誌」（第二巻）に投稿します。一九〇〇（明治三十三）年八月、イェーナを離れた後、「脊髄労と心臓弁膜症との併発について」という論文で、〝ドクトル・メディツィーネ〟の学位を得ます。

ドイツ留学中の収穫の一つは、児童学、特に「障がい児」に関する知見でありました。一九〇二（明治三十五）年十二月、同郷の高島平三郎（一八六五〜一九四六）らと「日本児童研究会」を創立します。

帰国してすぐに、日本橋の中洲養生院の内科医長となり、実地医療に携わります。住まいを本郷西片町に移して、前述の富士川英郎を含めて三男一女に恵まれました。

帰国後の仕事としては、他に、一九〇一（明治三十四）年から、「中外醫事新報」に「西洋偉人伝」を連載しています。

一九〇四（明治三十七）年十月に『日本醫學史』が出版されました。ちょうど、日露戦争が勃発した年でしたが、太古から明治までの医学の変遷を系統的に記述した書籍です。その考証の詳細さは素晴らしいものがあり、一八九一（明治二十四）年頃からの医学史の研究の集大成となっています。その巻頭には石黒忠悳、森林太郎、川内全節、三宅秀、土肥慶蔵、呉秀三の序文があり、全千八百頁に及ぶ大作でした。（富士川游『日本医學史』（決定版）日新書院、一九四一年）

各界からの多くの讃辞がありましたが、特に東京大学への医学博士論文申請が却下されたことで示されるように、医史学に対する当時の医学会の評価は冷淡なものであったといいます。後の富士川游の言葉に次のようなものがあります。

歴史は、事柄を列挙するばかりでは、それは年代記であって歴史ではない。その時代の思想を考察して、それが如何に変化して来たかということを知らなければならない。それゆえに、医史を研究するうえには、先ず考察をし、それを証明するために、諸種の書物―医学のみならず、人類学、土俗学の書物までしらべて考証する。それであるから、百の材料の中で、役に立つのは十位のものである。

『日本醫學史』の初版は絶版になりましたが、游は亡くなる直前まで改訂のための筆を入れていました。游が亡くなった翌年の一九四一（昭和十六）年四月に、決定版として神田の日新書院から刊行されました。定価は十五円でした。この本の三九七頁には、中津藩の蘭方医で『解体新書』の主著者・前野蘭化（良沢、一七二三〜一八〇三）の自画像と次のような添え書きの賛があります。その賛には次のように書いてあります。

経営漫費人間力（経営はみだりに人間の力を費やす）
大業全依造化功（大業は全く造化の功による）

これに対する富士川游の解釈は、次のようなものでした。

人間の知恵と技能とが進歩して、色々の発明をし、自然界の一部を支配することができると、非常に驕慢になって、それを独力でしたように思うその實我々人間は大なる自然、即ち造化の懐に抱かれている赤ん坊である

ことを忘れている

（「日本医事新報」第七九三号、一九三七年）

四、富士川流医療倫理と近代医療への警告

一九〇五（明治三十八）年四月、富士川游は「人性」を創刊しました。

富士川英郎によれば、人性とは、ドイツ語で「人間」（der Mensch）のことであるそうです。

富士川游は、本誌創刊の目的を毎号の表紙に掲げています。その目的とは、人間の身体及び精神の構造と機能を研究して、人間の社会的・精神的な生活を解明することです。

「人性」は、当時の日本では唯一の学術雑誌でした。本誌は一九一八（大正七）年まで続いています。

一九〇九（明治四十二）年には、人性学会が組織されましたが、この頃から、

富士川游の長年の構想が実現しかけていました。

一九一一（明治四十四）年、淀野耀淳（東京帝国大学教授、倫理学）と共著で『醫科論理学』を発刊して、当時の医療への啓発活動を始めました。

一九三五（昭和十）年、富士川游七十歳の時、東京・克誠堂から『醫箴』を刊行して、当時の医療への警告を行いました。その概要は、富山県立図書館に表装された掛軸が保存されており、その内容は十五項目に分かれています（原文）。

第一

凡ソ醫ハ、死生ノ際ニ處スルモノナレバ、勢利ト榮名トヲ顧ミズ、慈悲ヲ心トシテ、普ネク含靈ノ疾苦ヲ救ハンコトヲ務ムベシ。

第二

誠敬ヲ以テ體トナシ、威儀ヲ以テ用トナス、廉潔謙遜ノ諸德、兼備ハリテ、始メテ濟生惠人ノ業ヲ世ニ施スコトヲ得ベシ。

第三
醫ノ病者ニ臨ムヤ、常ニ宜シク愼密ナルベク、決シテ疎放ナルベカラズ、而シテ愼密中、又一段、勇決明斷ノ處ナカルベカラズ。
第四
其術ヲ行フヤ、細事ト雖モ、必ズ用意周到、常ニ其知ル所ヲ施シ、毫モ遺憾ナキコトヲ期スベシ。
第五
縱令不治ノ病者ニ値フモ、倦マズ、怠ラズ、以テ其病ヲ緩解セムコトヲ圖ルベシ、此時ニ方リテハ、其病ヲ救フコト能ハザルモ、病者ニ一縷ノ慰安ヲ與フルハ、是仁惠ノ大ナルモノナリ。
第六
病者自カラ死生ヲ疑フニ及ビテハ、醫ヲ見ルコト神ノ如シ、故ニコノ場合ニ處シテハ、言語明晰、態度從容ナランコトヲ務ムベシ。

第七

仁者ハ能ク容レ、能ク忍ブ、故ニ病者ニ對シテハ、惟忍ビ、惟容レ、以テコレヲ優遇センコトヲ務ムベシ。

第八

病者ノ性格ト、家庭ノ情態トハ共ニ其施治ニ關係スルコト鮮少ナラズ、故ニ常ニ人情ヲ察シ、事機ヲ觀テ、其事ニ當ルベシ、然ラザレバ迂濶ノ嘲ヲ免レザルベシ。

第九

方箋ヲ記スルノ一事ハ醫ノ要務ナリ、若シ輕忽ニシテ誤寫アルトキハ、病者ノ大害ヲ來タスベシ、特ニ危險ノ藥品ヲ授クルニ方リテハ最モ注意セムコトヲ要ス。

第十

他醫ノ治法ノ可否ハ、妄ニ批評スベカラズ、蓋シ毫髪ノ事情ニ依リ、前後ノ状態ヲ變ズルコトアレバナリ、病者若シコレヲ強ユルトキハ宜シク説シテ前醫ノ良ニ歸スベシ。

第十一

聲聞ヲ求ムルハ、信ヲ得ルニ如カズ、世間往往、聲聞ヲ求メント欲シテ、却テ信ヲ失フモノアリ、警メザルベカラズ。

第十二

醫ハ他人最祕ノ密事、最辱ノ所爲ヲ聞カザルベカラザルコトアリ、故ニ沈默ヲ守リ、以テ病者ノ信任ニ辜負*セザランコトヲ要ス。

＊辜負《コフ》＝相手の意にそむくこと（新村出編『大漢語林』より）

第十三

同業者ニ對シテハ、彼此相恭敬スルヲ以テ第一ノ務ト爲スベシ、若シ夫レ然ルコト能ハザルモ必ズ能ク相忍バザルベカラズ。

第十四

治術ノ商議ニ際シテハ、自己ノ學術ノ蘊奥ヲ發揮シ、専心一意以テ病者ノ安全ヲ圖リ、些カモ猜疑忌避ノ念ヲ挾ムベカラズ。

第十五

醫タルモノハ、尤モ忠良ノ國民タルコトヲ期スベシ、故ニ公共ノ問題アルトキハ、其業務ノ範圍中ニ就キ、率先勇往スベシ、決シテ一身一家ノ便益ヲ圖ルベカラズ。

本文が書かれた社会・医療情勢は現代とかなり違いますので、そのまま近代の医療に適用することはできません。しかし、かなりの部分で、近代医療・医学にも通用する文章です。

富士川游の出身地の医師会（広島県安佐医師会）では、狩野充徳（広島大学名誉教授、現代古文学）により現代風に翻訳して、「医箴歌・医の倫理のすすめ」として、公式封筒に印刷しています。（口絵参照）

富士川游の当時の医療への不安感は募るばかりで、亡くなる一年前には、「醫五不可」を軸物にして、残しています。

関防印一顆

今之為醫者有五不可焉。
偏重學問而太拙治術、一不可也。
其體缺誠敬而威儀常不備、二不可也。
見利得而忘仁愛、輕性命而寡惻隠、三不可也。
厚富貴而薄貧窶、蔑卑賤而憚権貴、四不可也。
巧言衒技、饒舌詆毀、迎合以偸人功誇己德、五不可也。
若忽之、不反省、其不可也、将不除、何以恵人濟生云哉。

昭和十四春　子長學人　落款印二顆

『醫五不可』を意味するところは、

㈠理屈ばかりで治療下手
㈡医師らしい外見・威厳がない
㈢利欲に迷い、仁愛の念が薄い
㈣患者を貧富・貴賤で差別する
㈤他の医師を謗り、自己を誇る
医師たる者、五不可を心得て患者の治療に当たれ

という、当時の一部の医者を諫める、厳しい言葉です。

富士川游の文章には、「恵人濟生」という言葉が、よく見られます。現代風に訳せば、〝悩める人の苦しみを和らげ、命を救う〟ことでしょうか。

富士川游語録に次のような言葉があります―

医者が病人の気持ちを察することも技術の一つである。しかし病家にへつらうということはよくない。要は、誠意の如何にある

五、富士川游構想の実現に向けて

関東大震災（一九二三年九月一日）の後、富士川游は活動の拠点を大阪に移しました。

一九二四（大正十三）年、大阪に中山文化研究所ができて、游は、その中の児童教養研究所の顧問となっていましたが、その後、研究所を東京に移して、講演会の企画や多くの教養雑誌を刊行しました。『精神文化』『児童の教養』『釈尊の教』『内観の法』『迷信の研究』『親鸞聖人の宗教』『宗教生活』『母性と宗教』『聞法生活』などの書籍を発刊しました。富士川游は、この研究所のおかげで、精神

文化の研究や宗教についての研究を存分に行うことができたのです。

一九〇〇（明治三十三）年までのドイツ留学中に、富士川游は、「学齢児童の色情について」という論文を東京の「児童研究」に投稿するほど、児童学に関心をよせていましたが、帰国後の一九〇二（明治三十五）年日本児童研究会を、髙島平三郎（一八六五〜一九四六）らと立ち上げて、後に幹事となっています。

一九一八（大正七）年には広島で、本願寺派の社会事業として、障がい児を収容する〝広島修道院〟が創設され、そこの顧問に就任しています。なお、この施設は、現在でも、違った形で養育施設として運営されています。

さらに一九三二（昭和七）年、富士川游は、義兄にあたる広島の内科医・石井正人に依頼して、広島市五日市に、障がい児を収容し治療する〝養神館〟を設立しました。広大な土地に四十人収容の建物があり、当時としては、かなり大胆な解放病棟で作業療法を摂り入れた進歩的な施設でした。現在本施設は、成人も含めた四百床の広島最古の精神科病院として貢献しています。

また、一九三三（昭和八）年に設立された〝養神協会〟はこの病院を事務局にして発足し、精神衛生の促進と普及を行いました。ちょうど、『日本醫学史綱要』が発刊された年でもあります。

一方、日本醫史學會は一九二七（昭和二）年に創設されました。それより先、一九一四（大正三）年に前述の奨進醫会が日本醫師協会となりましたが、これは医史学単独の学会が必要となったためです。呉秀三が理事長に推挙され、理事には、緒方富雄（一九〇一～一九八九）、藤浪剛一（一八八〇～一九四二）、小田平義、竹内薫平（一八八三～一九七三、小児科医、日本橋で開業）、尼子四郎、佐藤美實（一八九五～一九八七）、永井潜（一八七六～一九五七）、富士川游らが就任しました。游は、理事長への就任を請われましたが、それを固辞したと記録にあります。

しかし、一九三八（昭和十三）年十一月、日本醫史學會は、理事長の入澤達吉（一八六五～一九三八、東京帝国大学教授、内科学）を失いました。富士川游は、もはや理事長を断ることはできなかったのです。

富士川游語録から

歴史を随筆と混同してはいけない。学問としては、演繹的でなく、帰納的である。

六、富士川游の宗教の心とは

花が美しく咲いて居る。鳥が朗らかに歌って居る。かような平和な世界にあって、角のあるものは他の物を突かうとする。針のあるものは刺し、爪のあるものは引っ掻く。（中略）人間もまた生物の一部としてこの適者生存の法則を免れることは出来ない。そうしてかようなる生存競争の生活が根本となって、我々精神の上にあらわれるものが、すなわち、苦悩である。それ故に、我々人間の生活は、これを精神の上より言えば全く苦悩の世界である。この苦悩の世界にあって苦悩の現実の相を内観せるものに対して、その苦悩から離れしめるために自らにしてあらわれるところの精神の作用が宗教と名づけられるものである。普通に仏教にて仏の道を求めると言われて居るのは全くこの宗教の心のはたらきを指すもので、宗教の心の働きにより我々は苦悩の世界に住みて能く眞実の道を歩むことが出来るのである

（『宗教の心理』序説より）

宗教は人間の精神の普通の働きであり、啓示などのように外から与えられるものではない、と富士川游は説いています。

これを医療に当てはめ、「近代の多くの医療、特に医家の価値が科学的知識によって判断されるようになり、医学は一体に客観的にして、かつ研究的となり、医家の努力はなるべく善良な療法を発見しようとするよりも、むしろ興味ある科学的発見をして、学会に貢献しようとすることとなった」と、当代の医療技術の発展に賛意を表しながら、一方では、医療倫理の軽視を憂いて、次のように述べ

ています。

しかしながら、我が医術は病みたる人間の痛苦を治療することを主とするものである。それ故に、医術を施して疾病の診療を任務とするところの医家は、その目的を達するがために、自然科学の知識は勿論、哲学的な思考を深刻にし、その学と術とが論理的・科学的であるべきことを必要とすることは勿論、当事者たるものの人格が宗教的であることを重大な条件とすべきである。それにも拘わらず、こんにちの時代に、ただ論理的・科学的方面のみのことが盛んに説かれて、精神的方面のことが度外に措かれているような観があるのは甚だ遺憾の至りである

（『医術と宗教』）

と嘆いています。昭和初期の日本の医療に対する富士川游の憤懣やるかたない感情は、令和の時代の日本の医療にも、全てではないが、通じている一面がありま

す。

富士川游が生まれた富士川（藤川）家は代々の敬虔な安芸門徒で、菩提寺は広島市寺町の徳応寺です。富士川游は、帰広のたびに長楽寺村の先祖の墓地にお参りし、徳応寺の第十七世住職、藤秀璻師（一八八五～一九八三）と歓談することを楽しみにしていました。

地元の「中国新聞」洗心欄に、歌人でもある藤秀璻師が富士川游顕彰碑建立を記念して投稿した文章を引用して、游の人となりをひもといてみましょう。

富士川さんの宗教の世界には、美しく、力強く、まぎれもない一筋の道が遠くはるかに開けていた。そこにいわゆる安芸門徒の伝統の「血」をわたしは感ぜずにはいられない（中略）富士川さんは、ロシアのレフ・トルストイにひき適する教育者であり、〝人間の教師〟である。富士川さんは、医学会の巨匠であるから、科学者である、それで、先生の周辺の、一切のものを見る眼、ことに大自然に向けられる〝眼〟は、科学者の深い〝眼〟であった、ただ世上の科学者の〝眼〟と違うのは、その冷厳な〝眼〟を、また深く自己の内面に向けられた点である

（藤秀璻『富士川游と宗教―没後三十五周年に寄せて』、中国新聞「洗心」欄、昭和五十年八月二十五日）

藤秀璻師は、彼の著作『新撰妙好人列傳』の中で五十三人の妙好人を挙げて詳細に解説していますが、五十三人目の人として、富士川游を入れています。

先生は〝罪悪深重煩悩熾盛〟という言葉と親鸞聖人の〝醜悪〟という言葉をよく用いられた。〝醜悪〟ということは、ただ醜いというではない。醜いものに対して怒り、悲しみ、憤る感情である。この悲しみ、怒る感情が一歩自

分自身の内に踏み込むと罪悪深長の内省となり、煩悩熾盛の慚愧となる。先生の言われる醜悪という言葉には、常にこういう深い宗教感情が伴うのである

（『新撰妙好人列傳』日華社、一九四六年）

一方、富士川游も、新撰妙好人として、室町から明治時代まで、十四人の人物を挙げて詳細に解説しています。ちなみに、富士川游の最も敬愛する妙好人は、〝讃岐庄松〟であったそうです。

妙好人とは、藤秀璻師によると、純情に生きる人であるということです。純情とは、意識的にまた無意識的に大いなる〝理〟に随って動く純情感情であり、宗教的な帰依の感情と表裏をなすものです。そして、この帰依の感情から生まれる善行美徳は最も清浄であり、強靭であり、恒久性を持っています。〝帰依なき行善は膠のない絵具をもって彩色するごとくである〟と、聖徳太子が教えられたのは真理であると、秀璻師の言葉にあります。

富士川游は、胆石症を患っていて、一九一六（大正五）年頃から、痛みのために時に鎮痛剤を服用していました。娘婿の小児科医・内藤寿七郎氏による病状報告から、游の臨終の様子がうかがえます。

昭和十五年十月五日、富士川游は、右季肋下部に激しい痛みを感じて、近医の往診を受け、鎮痛剤の注射をしてもらった。一時、痛みは軽快した、十月十日午後一時半、激しい疼痛、悪寒戦慄、宗教の講演のような譫言、そして下痢が始まった。

十月十二日、排尿困難、軽度の黄疸出現

十月十三日、三十九度二分の発熱、

十月十四日、悪寒戦慄の発作三回

十月十五日から二十一日、やや小康

十月二十二日　四十度五分の発熱、輸血実施

十月二十三日～二十七日、比較的小康

十月二十八日　富士川游は、それまで続けていた注射や処置を拒み、「もう何もしないでください」と明瞭な言葉で話した。そして、両手を胸の上に組んで静かに目を閉じたまま、全ての医療的処置を断った。周囲の人が「如何ですか？」と声を掛けると、「だんだん楽になりました」と答えるだけだった。そして、その日から急に脈が微弱で、頻脈になってきた。熱は三十五度前後に下がり、水以外は何も摂らなくなった。十一月二日までは、時折の見舞い客に冗談も言って話すこともあった。

十一月三日からは、全く口もきかず、脈も時に触れなくなり、危篤状態になった。

十一月六日午前五時三十五分、富士川游は、何の苦悩の様子もなく、まるで眠るように、静かに息を引き取った。享年七十五歳であった。

枕もとの仏壇には、鎮痛剤モルヒネのアンプルが使用されないまま飾ってあったと伝えられています。

（富士川秀郎、芳翰帖（私家版）、一九六七年十二月）

富士川游の訃報の後、長与又郎（一八七八〜一九四一、東京帝国大學総長、病理学）から、富士川游の脳の保存の希望があり、亡くなった夜、鎌倉の自宅で、緒方知三郎（一八八三〜一九七三、東京帝国大學教授、病理学）の執刀で、脳髄の摘出が行われ、東京帝国大學医学部で保存されました。

ちなみに、富士川游の脳は、一、三二〇グラムでした。脳は、普通の人と比較して、特に前頭葉の中部と下部で緻密さが目立ったと記載されています。

富士川游は没後、〝正信院釋法游〟の法名を授与されました。遺族と近親者のみの告別式が行われ、遺体は、鎌倉市名越の焼き場で荼毘に付されました。遺骨は、郷里・安村の富士川家の墓地に納骨されて、現在に至っています。

公式の葬儀は十一月十八日の東京市・築地本願寺での葬儀の他に、その後、正信協会、日本醫史學會、大日本婦人衛生会、芸備醫學会等で個別に行われました。翌年には、各種団体の追悼会も行われています。

富士川語録には、次のような言葉があります。

死んでは駄目だ。往生しなくてはいけない。往生できないのが往生

祖父・富士川游のこと

富士川義之

富士川 義之(ふじかわ よしゆき)
英文学者、評論家。東京大学名誉教授、(財)ラスキン文庫理事、神奈川県立近代文学館評議員、日本文芸家協会会員。元駒澤大学教授。『ある文人学者の肖像―評伝富士川英郎』(新書館)で第六十六回読売文学賞、ヨゼフ・ロゲンドルフ賞受賞。
【著書】『風景の詩学』(白水社)、『英国の世紀末』(新書館)他。
【翻訳】『ブラウニング詩集』、オスカー・ワイルド『幸福な王子』(岩波文庫)、ナボコフ『セバスチャン・ナイトの真実の生涯』(講談社文芸文庫)他。

私は、祖父・游が医史学、父・英郎がドイツ文学を生業とする学者の家に生まれ育ちました。わたしも英文学者の端くれですから、それぞれ専門領域を異にしながらも、学者が三代続いたことになります。三代続くのは珍しいと人に言われたことが何度かありますが、祖父・游は、わたしが二歳の時に往生しており、わたしの記憶には残念ながら残っておりません。ただ名づけ親ではあるし、父がときおり言葉少なく話してくれる祖父の話には、子どものころからいつも聞き耳を立てていました。わたしは折にふれて、祖父への敬慕の念をもらす父親のもとで育ったのです。客間には祖父の著作が書棚の目立つところに置いてあるし、壁には祖父の手になる書の掛け軸がいつも掛かっていました。戸棚の上には晩年の祖父の写真が飾られており、祖父の顔立ちは子どものころから親しいものでした。父の話をまともに受け止めて、学者としても、人間としても偉い祖父であるという漠然としたイメージが、いつの間にかわたしの脳裡に刷り込まれてしまったのは、たぶん自然の成り行きであったでしょう。

しかし、振り返ってみると、漠然としたイメージばかりが先行していて、実際にどのような人物であったのかを確かめてみることはまだなかった、というのが正直なところであります。それは根本的にこちらがまだ大して関心を持っていなかった証でもあります。そんな不肖の孫でありますから、とにもかくにも游がどのような学者であり、どのような生涯を送ったかということについて、ある程度知るにいたったのは、足かけ五年ほどかけて書き下ろし、二〇一四（平成二十六）年三月に刊行した拙著『ある文人学者の肖像——評伝・富士川英郎』（新書館）が大きなきっかけとなりました。この評伝は、幸いにも二つの賞を受賞しましたが、執筆にあたっては、游と英郎の関係性がどのようなものであったかを探る必要が生じました。父・英郎はその晩年に伝記『富士川游』（小澤書店、一九九〇年）を出版しています。そこで私は、英郎が游をどのようにとらえているか、どのように記述しているかを、まずその伝記から探ってみることから始めたのです。

この伝記を読んで初めて知ったのですが、游は子どもの頃から大変な読書家で、特に歴史に多大な興味を示し、旧制広島中学校在学中に「藤原秀郷論」という懸賞論文を広島のある新聞に応募し、みごと入選を果たしているほどです。休日には手帳を懐にして、広島市内外にある多数の墓地を訪れ、主として江戸時代に知られていた医家の墓誌を写すことに余念がなかったようです。游の日本医学史研究はまず、その史料の探索や収集から始められたのです。文明開化の大波に翻弄されていた明治維新直後の日本では、江戸時代の文化遺産の多くが惜しげもなく投げ捨てられる風潮の中にあって、荒廃に帰した医家の墳墓を探したり、埋もれた史料採集のために、広島県の各地を探訪したこともありました。一九五四（昭和二十九）年に刊行された富士川英郎・三枝博音編著『富士川游先生』（非売品）の巻末には、付録として「富士川游先生語録」が掲載されていますが、そのなかにこんな游の談話が収録されています。

私は明治二十年頃から古医書を集め出したが、その頃のことを話しても、今の人には想像もつかないくらいに苦心したものである。その頃は、今とは反対に欧米心酔で、何でも外国のことでなくてはダメだという迫害と、漢方排斥の潮流のために、そういう古医書を集めることは漢方を擁護するものだという迫害とがあった。買う金がないというようなことは、私個人の問題であるが、そうではなしに、この二つの迫害がかなり強かった。私がもしも官途についていたならば、或いはできなかったかもしれない。今の人のように、政府から給料をもらって、余暇に書籍を集めるのとは違って、民間でやったことは、褒めてもらっても差支えはなかろう。ハハ・・・・

にわか勉強で大変恐縮なのですが、医師開業にあたって西洋医学を優先させる医師免許制度を明治政府が公布したのは、一八七四（明治七）年のことのようです。以後、漢方医学を排斥する風潮は高まるばかりで、漢方医学のみを勉強していたのでは医業につけないという制度づくりが、着々と進行してゆきます。そこで漢方医たちが結束して、漢方医学の伝統を維持しようとする目的で温和社という結社を一八九〇（明治二十三）年に組織して、帝国議会に強く働きかけます。だが、漢方医を支持する議員有志による和漢医継続法案は、一八九五（明治二十八）年に衆議院で否決され、漢方医存続の道は断たれてしまいました。そういった時勢にあって、和漢の古医書を集めることは、游の談話にあるように、漢方医学を擁護するものだと批判されたり、さまざまな迫害さえ受けたのです。また、古医書などはもはや無用で無価値な反故と見なされて、二束三文で売りに出されたり、稀覯書の類も、どんどん解きほぐされてふすまの裏の張り紙に利用されたり、砂糖袋などにされたりしたこともあったようです。

このような時勢のもとで、貴重な古医書が次々に失われていくのを目の当たりにしていたのが、明治二十年代、まだ二十代の富士川游の青春時代であったのです。時流に安易に染まらないで、明治二十年頃から古医書の収集に熱心になっていく若き游の姿に思いを馳せる時、古医書に寄せる游の熱い思いを改めて強く感じさせられます。こうした熱い思いに支えられて、代表的な著書である『日本医学史』が、一九〇四（明治三十七）年十月に刊行されるのです。

游が医学史の研究を本格的に始めるのは、一八九一（明治二十四）年頃、つまり漢方医学を排斥する世の中の風潮が高まる一方であった時期からです。自分が正しいと思う道をわき目もふらず歩み続け、自分の抱く高い理想や信念を粘り強く実現していこうとする、若い游の果敢な行動力には感嘆せざるを得ません。游の生涯を振り返ってながめていると、そこには一本の太くて力強い棒のような芯の存在があることに気づくことがあります。『日本医学史』において游が成し遂げようとしたのは、明治開化の時代に、もはや時代遅れだとして顧みられることの少なかった日本の医学の歴史を、人間の生活の歴史、つまり広義の文化史の一部として詳細に見ようとすることでありました。さらに医家の社会的な地位の歴史や、医学教育、診療所などの歴史を述べたり、重要な医家の小伝を挿入したり、各時代の古医書の解題や医書目録を載せたり、主要な疾病の歴史や医事年表までも添えているのです。西洋医学が重視された当時としては、これがいかに反時代的な書物であったかがうかがえるというものでしょう。

ドイツ留学から帰国後の游の活躍ぶりに注目していた森鷗外は、『日本医学史』に寄せた序文のなかで、「富士川游氏の才学一時に卓越せるは世の知る所なり。その新たに欧州より帰るや蘊蓄いよいよ大に識見いよいよ長ぜり」と称賛しています。この書の巻頭には、鷗外のほかに、土肥慶蔵、呉秀三など六人の序文が掲げられています。土肥・呉両博士も、鷗外や游と同じく、最新の西洋医学を広く深く学び、それに通暁しながらも、当時の医学界の主流を占めていた実証的な西洋医学偏重の態度を必ずしもとっていない。『日本医学史』の巻頭に序文を寄せた六人はみな、江戸時代以来の漢方医学や漢方医の存在を認める立場に立つ人物たちであることは、やはり確認しておいてよいでしょう。江戸中期以後の古医方や蘭学の伝統がその基盤にあったからこそ、明治維新後の西洋医学の輸入とその定着とが比較的潤滑にいったのではないかと、彼らはとらえているのです。私のような浅学非才の素人にも、それくらいのことならわかるような気がいたします。

こうした事柄についてつとに言及したのが、『日本医学史』をめぐる最も詳細で、懇切な書評を書いた内田魯庵です。魯庵は、当時丸善書店の顧問をしながら、雑誌「学鐙」の編集長をつとめていましたが、彼が同誌の明治三十七年十二月号に、「近来の大著『日本医学史』」という長文の書評を寄せております。これは一代の書物通をもって聞こえていた魯庵の面目をよく示す興味深い書評です。詳細は省きますが、游の日本医学史は、「日本の文明史において最大なる領分をつくった」ことを、魯庵は力説しています。「あたかも今日の医学が世界に重きを有し、我が医家諸君のアルバイトが世界の医学の進歩に貢献しつつあるごとく、昔日の我が医学はまた我が一国の文明の最重要なる基礎を作れり」。そのことを游の医学史は委細を尽くして明らかにしているというのです。

医学史を医学の領域のみに特化してではなく、日本の文明史という、より広大な立場に立って論述していることに感嘆しているのです。その論述の根底には、「漢方ことごとく賤しむべきや、またまた漢薬全く軽視すべきや。漢家医説及び草根木皮の大いに研究するに値するも恐らくは必ず少なからざるべし。みだりに洋家の説の全能なるを信じて漢方を以て符咒迷信と同一視する輩はすべからく歴代先哲の説を聞きて深く鑑みざるべからず」という通奏低音が流れていることを聞き取り、そこに強い共感を寄せているのです。

この魯庵の書評が掲載されたのは、日露戦争の勝利で日本中が沸き立っていた一九〇四（明治三十七）年十二月のことでした。そのためでしょうか、この書評の最後に魯庵はこんな激賞の言葉を書き留めています。日露戦争の勝利に沸く当時の世相のなかにあって、「一国の文明で誇るべきものは独り戦争の技術のみにあらず。この空前の偉功を奏して武力を世界に眩耀しつつある時、我等は富士川氏のこの大書を得て更に世界に誇るべきものの一を加へたるを幸いとす」と締めくくっているのです。

この時、魯庵の脳裡に何があったか、それはこの書評を読んでいるとおのずと明らかになっていきます。つまり明治の文明開化以後、やむを得ざる事情があったにもせよ、西洋医学偏重の風潮がいかに専横であるか、伝統的な漢方の医療や医薬がいかに蔑ろにされているか、などといったことに対する魯庵の強い憤りをはっきりと知ることができるのです。そうした憤りが游のものでもあったことは言うまでもないことでしょう。西洋医学を全能と見なしてこれを崇拝し、漢方医学を科学的ではない迷信の類として扱い、これを一方的に排除する風潮が改善されるのはそう古い昔のことではありません。調べてみると、漢方のエキス剤が健康保険適用となるのは一九七六（昭和五十一）年のことですから、漢方薬や漢方医の存在が日常的に幾らか人目につくようになるのは、おおむね七十年代後半以後のことと言ってもよいでしょう。それほどの長期間にわたり伝統的な漢方医学は、光が当たらない存在という扱いをされていたのです。

西洋医学が断然優勢な明治の時代情勢のさなかにあって、敢えて伝統的な漢方医学を熱心に擁護するというのは、よほどの覚悟や反骨精神がなければできることではないでしょう。しかも游自身は、以前にドイツ留学して西洋医学を幅広く学んだ経験があるだけに、一層奇異な感じをもつ者も少なくなかったでしょう。游は、後年「私が医学の歴史をやりはじめた時、なかにはそんなことで食っていけるのかといって、心配してくれた人もあったが、とうとうそれでやり通すことができた」と述懐しているほどです。

『日本医学史』が刊行された時、この研究書は、魯庵のほかに、たとえば内藤湖南が「大阪朝日新聞」紙上で「実に明治時代に於けるすべての著書中に在りて、第一流に位すべきものたるのみならず、此種の著述としては、固より我国空前の大著である」と激賞しているように、一般の読書界では好評をもって迎えられました。しかし、医学界では必ずしも高く評価されたわけではありません。一九〇五（明治三十八）年に、この『日本医学史』を主要論文として、東京帝国大学医学部の教授会に提出して医学博士の学位を請求しましたが、簡単に否決されてしまいます。

この経緯からは、日本の医学史を医学の一部門として認める医師がはなはだ少なく、日本の医学史など論外だとして門前払いする医学部教授会の冷たい雰囲気がうかがえることでしょう。

興味深いのは、『日本医学史』の出版を機縁に、游と鴎外の医史学に寄せる関心がしばしば重なり合うようになることです。『日本医学史』が東大医学部の教授会で簡単に否決されたことを鴎外がどう受け止めていたかについては詳らかではありませんが、游と鴎外の交際がかなり頻繁になるのは、やはり鴎外が史伝の仕事に携わるようになってからのことです。游が若い頃から史料収集の目的で墓地を訪れ、墓誌を書き写すという作業を行っていたことは先ほどもちょっと触れましたが、江戸時代の痘科の医師池田京水の墓誌をめぐって、『渋江抽斎』と『伊澤蘭軒』執筆中の鴎外と游は交流をもつことになるのです。『渋江抽斎』には、

「游さんは湮滅の期にせまっていた墓誌銘の幾句を、図らずも救抜してくれたのである」と述べられています。

ここで今更ながら思いいたるのは、晩年の鴎外が『渋江抽斎』以後、あれほどまでの熱意をこめて地味な史伝の執筆になぜ没頭したのか、その謎を解くための重要な手がかりのひとつは、西洋医学一辺倒の趨勢に対する鬱屈した思いを、過去の歴史、しかも江戸時代の医学史を探るという枠組みを借りて、吐き出したことにあるのではないかということです。

鴎外が史伝に取り上げたのは、儒者であり医者であり書誌学者でもあった江戸時代のほとんど無名の人物たちです。つまり明治の文明開化以後、時にはその墓の所在すら行方不明になっている、歴史の闇のなかに埋もれている人物たちばかりなのです。そういう人物たちの生涯と事蹟を執拗に追究して明るみに出す、そのことに鴎外は強くこだわっています。そのひたむきさにおいて、同様のことは『日本医学史』における游についても言えるのではないかと思います。鴎外の場合、高級官僚として長年の間明治政府に仕え、陸軍軍医総監の地位にまで登り詰めたその過程で、忸怩たる思いを抱くことが少なからずあったであろうことを思わずにはいられないのです。

若年の頃に、華やかな西洋主義者として並外れた活動を開始した鷗外であるだけに、余計、その晩年における史伝への執着ぶりが際立って見えます。史伝を次々に書きつづけることを通じて、彼は長年に及ぶ自分の鬱屈にかたちを与えるとともに、忘れられた伝統的な医学への関心を、少しでも現代人の心のなかに呼び醒まそうとしたのではないでしょうか。とともに、津和野の医家の家に生まれた自分自身の人生の根っこというか、アイデンティティを探ろうとしたのではないでしょうか。自分は儒医の血筋を引いていることを再確認したかったのではないでしょうか。こうした潜在意識は、おおよそのところ、同じく游のものでもあったのではないかと推測されるのです。それだけではありません。鷗外も游も、文化を過去との断絶においてではなく、持続の位相において把握しなければならぬということを、つねに強く意識しながら史伝や医学史を書いていたのではないかと思います。過去が現代のなかに持続することを折りに触れて気づかせる、それこそが文化の力ではないか。二人ともそう考えていたのではないでしょうか。そうでなければ、奈良時代から江戸時代にいたる長い医学の歴史の叙述や、先祖から子孫にいたる長い血縁関係の持続のなかにおいて、はじめて抽斎や蘭軒の全体像をとらえ得るとする史伝の方法は生まれなかったと思われるからです。

ともかく、『日本医学史』の出版は医史学者としての游の生涯にひとつの時期を画するものであったのです。それだけに医学博士の学位が東大医学部教授会から授与されなかったことは、游にとっておそらく大きな心の痛手となったことでしょう。游の三人の息子たちのうち、長男と次男がそれぞれ東北帝大と京都帝大に進学したのは、遠い昔に父英郎から聞いた話では、游の気持ちを推し量って東大への進学を断念したためであるということでした。英郎も、当時すぐ近くに住んでいた旧制一高への進学希望をもっていたのですが、游から「父母の郷里をいまのうちによく見ておけ」と言われて、しぶしぶ旧制広島高校に進学したのだと聞いています。しかし、英郎の場合、彼の東大進学希望は格別の反対もなく許されたそうです。「自分は末っ子でもあるし、その時分には（游の）気持ちもかなり落ち着いていたからだろう」ということでした。

『日本医学史』は、出版からおよそ七年後の一九一二（明治四十五）年四月に、学士院賞・恩賜賞を授与されていることを付記しておくべきでしょう。この授賞とほぼ同時に刊行されるのが『日本疾病史』であり、この著書で、游は京都帝国大学医学部から一九一五（大正四）年三月に医学博士の学位を授与されています。また、一九一四（大正三）年七月には、『日本医学史』で、博士号取得者のつくった会でしょうか、「博士会」の推薦で、文学博士の学位を授与されています。主たる推薦者は東京帝国大学文科大学の学者たちでした。当時、医学及び文学の両博士号の所有者はほかに鴎外だけでしたから、ジャーナリズムで游は鴎外と併称されることがあったようです。

その後、明治末期から大正・昭和を通じて、游の仕事や活動は医学や医史学以外の種々の領域にまで及んで、広範囲にわたっています。すなわちその活動範囲は、性科学、天才的な芸術家や偉人の病歴（パトグラフィー）、迷信の研究、児童養育と教育、社会事業教育と社会衛生学（今日の社会福祉事業と福祉教育にあたる）などなど、実に多方面にわたっているのです。

そのような游の多方面に及ぶ活動の根幹にあるものは、人間に対する強い関心であり、好奇心でした。とりわけ人間の精神や魂の問題ではなかったでしょうか。游と同郷の出身であり、三十代初めに出会って以来、游を師と仰いでいた哲学者三枝博音は『富士川游先生』のなかでこう述べています。

先生にとっては、いつでも人間が問題なのである。先生はすべての思想において、人間から遊離することを警戒した。『日本医学史』のなかで、早くもすでに明瞭にされているように、先生は「文化」及び「文化史」から、医学を遊離させることをしなかった。先生にとって、文化とは「我々人間が人間のたましいを完成せしめるための努力」のことなのである。人間のたましいを完成させるためにこそ、人間の肉体の病気をとりのけ、病気にかからぬことをせねばならない。それが先生にとって医学であり、医術なのである。だから、哲学でも、それがもし人間のたましいを完全なものへと発展させることをしないなら、無用なのである。先生にとって哲学が必要なのは、そうしたたましいの完成への発展にとって、肉体はどういう役をするものか？　どのように肉体と精神の関係を考えていったらたましいの完成が妨げなくやってゆけるか？　そういう理論的な問題を処理してゆくときに哲学的思索が役立つときだけである。先生にとって、思想はいつも人間の完成をめぐって動いているのである。

人間の魂を完成させるためには何よりもまず宗教的な意識の働きが不可欠であ

ると、游は考えていたようです。一九一五（大正四）年九月に、論文「親鸞聖人」を「中央公論」に発表して以来、最晩年にいたるまで、親鸞聖人や、その師・法然聖人の教えをひろめる目的で宗教活動に深く関わるようになるのは、おそらくそのためでありましょう。『日本医学史』において、すでに科学的な医史学のなかに宗教的な洞察が必要であるとする見解が示されていますが、それは身体と精神とは切り離しては考えられないという心身一元論の立場からであったと思われます。そこでは、医と学が普通行われているように単に「解剖学的、機能的、器械論的、総じて唯物論的に」取り扱われてはならないという姿勢がうかがわれます。「病人とは病みたる人間」であり「疾病は苦悩である」「疾病は一箇の社会的問題である」という観点から「病める」人間を医術的にも精神的にも救うことが何よりも現代医学には要請されるのであって、そこに宗教性の問題が介入してくるのだと説いています。

では、游にとって宗教とは何だったのでしょうか。宗教というのは、人間のものであって、神あってのものではないとする人間至上の説を唱えているところに、その最大の特徴があると言ってよいでしょう。

富士川游は、「今日の我々の思考よりして言えば、宗教は人間の所産であるとせねばならぬ」という大胆率直な命題の提唱者でありました。つまり人々の心の中にあるものを、人々が形式を与えて精神的に実現してゆく。さらに言えば、「自分というものを本当に見たときに、すなわち自分の自分を見たときに、人間一般の自分ではなくて、私の自分を見たときに何時でも起きて来る心の働きが精神的宗教である」(『科学と宗教』)と言います。そして、このような意味合いでの精神的宗教を親鸞や法然の教えのなかに発見し、それを医学の領域で「医家の倫理の模範」(『医術と宗教』)として実践していくことをめざすのです。その姿勢は、「医家をして医術と宗教との親密なる関係を明らかにせしむる」(同上書)ためであったからです。晩年の游は、人間の精神生活を正しく導くものとしての宗教的意識、ないしは宗教心に強く執着していました。游の同時代人に三歳年下の宗教家・鈴木大拙（一八七〇〜一九六六）がいますが、游が大拙と大いに異なるのは、彼が最後まで医学との関連でつねに宗教をとらえていたことです。また、『日本的霊性』など大拙にはあったいわゆる神秘主義的な傾向が游には見当たらないことです。游のほうがずっと合理的理性の持ち主です。二人とも鎌倉に住み、仏教の教えに多大な関心をもち、いわゆる妙好人への関心の強さといい、実践的な宗教活動を重んじていたことなど共通性もあり、二人の間に何らかの接点があったのではないかと思い、いろいろと調べてはいるのですが、どうも今までのところ、なかったらしいという結論に至っております。

游の「語録」のなかに、こんな言葉が引かれています。祖父の言葉のなかで一番気に入っている名言です。

人間は与えられた境遇で与えられた仕事をする為に生まれて来たのである。
与えられた境遇とは、例えばあなたが日本に生まれたこと、あなたの家庭に生まれたこと、女として生まれたことなどをいうのである。与えられた仕事とは、あなたが今日又将来なさねばならぬような一切の仕事をいうのである。それが好きとか嫌いとかいうのは人間の得手勝手の心持ちである。与えられた境遇に満足し、与えられたる仕事に喜んで従事するような心持を起すのが、宗教的な意識のはたらきである。

游は、このような意味合いでの仕事の作法を、つね日頃からその生活態度をもって自分の周辺にいる人たちに黙々と差し示していたのではないでしょうか。東京や鎌倉での晩年の游の宗教講話はいつも盛況であったそうですが、聴衆の多くは、おそらく、宗教家としての彼の人柄や態度から、知らず知らずのうちに影響を受けたくて集まったのではではないでしょうか。それほどに、游の数多い医学と宗教をめぐる宗教講話は、今読んでみても現代に生きつづけているのです。

「今日の時代にありて、ただ論理的・科学的方面のみのことが盛んに説かれて、精神的方面のことが度外に措かれて居るような観があるのは甚だ遺憾の至りである」（『医術と宗教』）という游の言葉を、今こそ深く受け止めていかなくてはならないと感じております。

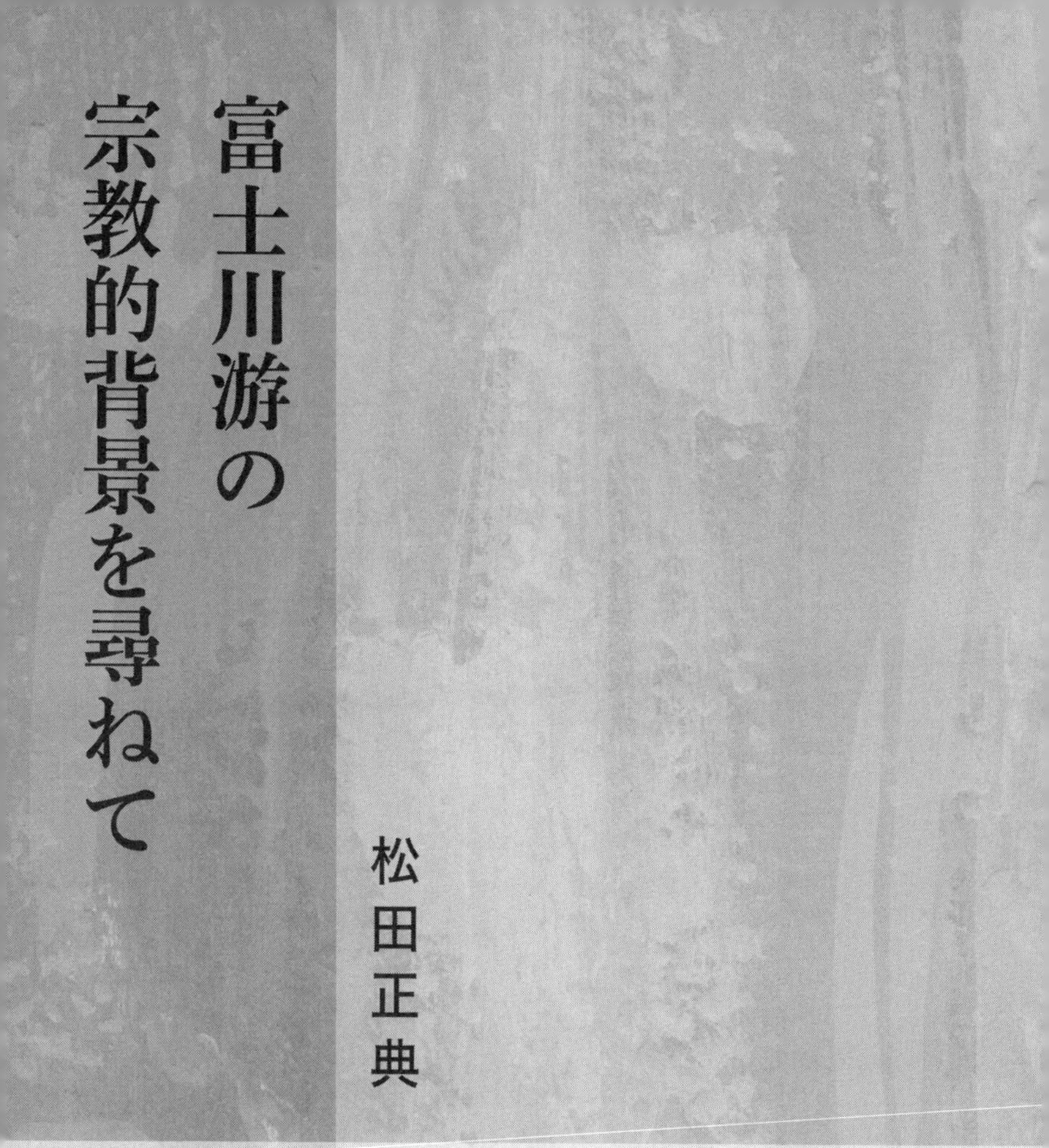

富士川游の宗教的背景を尋ねて

松田正典

松田 正典（まつだ まさのり）

理学博士（素粒子物理学）、広島大学名誉教授、くらしき作陽大学客員教授、（財）広島大学仏教青年会評議員長、広島県東広島市立榮寺門徒。

広島大学大学院教授、くらしき作陽大学仏教文化研究センター長などを歴任。2018年、瑞宝中綬賞受賞。

【著書】『いのちの伝承―若者に語る仏教―』『現代に生きる歎異抄』（法藏館）、『科学文明を生きる人間』（共著／法藏館）、『浄土真宗のすくい』（芦屋仏教会館編、共著／自照社出版）他。

富士川游先生（以下、敬称略）の宗教についての著述を、この書の末尾にまとめて紹介されています。実に四十編近くに及びます。第一級の医科学者として日本医学会に大きな功績を挙げた方が、一方で宗教哲学者としても妥協のない専門性を発揮していることに驚かされます。

その中で、私の書架にあるのは、『金剛心《こんごうしん》』（洛陽堂、一九一六年）、『真実乃宗教』（法爾社、一九二一年）、『佛教の神髄』（法爾社、一九二三年）、『新選妙好人傳《みょうこうにん》』（序文に一九三六年十月とある。一九七一年、大蔵出版より再版）、『生死《しょうじ》の問題』（厚徳書院、一九四一年）、『医術と宗教』（第一書房、一九三七年／書肆心水社、二〇一〇年）の六冊です。

『日本医学史』を著したのが、ドイツ留学から帰国して四年後（一九〇四年）。『日本疫病史』を著されたのは更に八年後（一九一二年）です。これ以降、宗教関連の著述に次々と取り組んでいることがわかります。

『金剛心』の序文に、次のように述べています。

私がこの小編を公にした趣意は、今の世の新しい学問をした連中、殊に私共のような自然科学的の学術に従事しておる人々に、親鸞聖人の宗教をすすめたいがためであり（中略）私の熱心なる希望にもとづくためであります。

こうした強い念願は、どのようにして生まれたのでしょうか。宗教的背景には、生い立ちとその後の邂逅とが考えられます。

まず、医師、医科学者、歴史研究者、宗教哲学者という稀代のスケールの人物の誕生の背景に、ドイツ留学中の邂逅があることを訪ねます。終わりに、生い立ちに「安芸門徒」と呼ばれる深甚の精神文化を育んだ風土があることを紹介したいと思います。

一、富士川游との出遇い

私の富士川游との出遇いは、三十歳頃、拝読した著書『佛教の神髄』（法爾社）を通してでしたが、藤秀璻先生（一八八五〜一九八三、東京大学インド哲学科卒、元広島文理大学講師）を介して、より身近にお遇いできたことでありました。

私の専門は理論物理学です。恩師・小川修三先生（一九二四〜二〇〇五）のグループが、湯川理論が高エネルギー実験データに合わなくなる原因を探求しておられました。私は、この研究を継承し、陽子シンクロトロンの高エネルギー実験データの解析によって、初期宇宙が再現されている可能性を見出すに至りました。ビッグバン直後の水素原子核の誕生をカウントし、その誕生温度を特定するというプロジェクトに関わらせていただくことができました。母校に就職したものですから、広島高等師範学校の西晋一郎先生が創立なさった仏教青年会の復興と継承を、先輩諸氏から託されました。この歴史につきましては、『広島大学仏教青年会一一〇年の歩み―近代日本精神史の記録―』（方丈堂出版、二〇二〇年）をご照覧いただきたいと思います。この運動を支えてくださった佐藤秀雄先生（元広島県総務部長）から、ある日、「藤秀璻先生が君に会いたいと言っておられる。ご自宅をお訪ねしよう」と声を掛けてくださいました。私は、ご著書『歎異抄講讃』（『藤秀璻選集』第二、三巻）を、かねて学んでいましたので、喜び勇んでお訪ねしました。とても柔和にお迎えくださり、いきなり『藤秀璻選集』（法蔵館、一九八二年）の編集刊行委員のご指名にあずかりました。なぜ、私のような素人の門外漢に目をかけてくださるのか、いぶかしく思う中、富士川の存在を認識するに至った次第でした。

富士川は晩年、二十歳若い藤秀璻のお寺（広島市寺町徳応寺）を度々訪ね、仏法讃嘆をしたそうです。

富士川は、一九三六（昭和十一）年から逝去の年一九四一（昭和十六）年まで、『新選妙好人傳』を「中央公論」に十四回にわたって執筆寄稿しています。この論考は、後に藤秀璻が島根県温泉津町のお寺に伝わる浅原才市の詩集を発見し、これを『宗教詩人・才市』（丁子屋書店、一九五七年）として世に紹介する直接的因縁となったことがうかがわれます。また、妙好人・才市（一八五〇～一九三二）の境涯は、鈴木大拙（一八七〇～一九六六）によって、「世界第一級の哲人」として世界に紹介されるところとなりました。これについては、後に触れたいと思います。

私の仏道の恩師・細川巌先生（一九一九～一九九六）は、第一級の有機化学者であるとともに広島大学仏教青年会運動をご指導いただいた方で、藤先生は深くご関心をお寄せくださっていました。

私の研究者としての歩みは、なかなか難儀なものでした。取り組んだ研究テーマのポテンシャルがあまりに高く、三十歳代は不安と焦燥を抱えながらの日々でした。その孤独な歩みの中で拝読した富士川の『佛教の神髄』に、大いなる励ましを賜ったことでありました。

米国の国立アルゴンヌ研究所は、一九七〇年代、宇宙の根源力探求のために建設された世界最大の陽子シンクロトロン加速器実験で得た貴重なデータを公表してくれていました。私は、その解析に成功した縁で、米国に留学する機会を得ました。帰路、ドイツのハイデルベルグ大学マックス・プランク研究所に立ち寄りました。この留学は、研究者としてのスケールを一挙に膨らませるものでした。世界トップクラスの研究者との交流のみならず、巨大なキリスト教文明の洗礼の中で、己の精神文明のアイデンティティを深く問い直すところとなりました。

ささやかな私の経験に照らして、「富士川游は、ドイツ留学を契機に、医師・歴史研究者・科学者・宗教哲学者という稀代のスケールの人となられた」という仮説を立てるに至りました。

少し余談になりますが、一九八〇年代後半より、世界経済はグローバル化し、日本企業の海外進出が加速しました。為替レートも一ドル三六〇円時代は終わり、フライトチケットも安価となり、若者の海外留学は一般的になりました。近年のわが国の若いアスリートが世界に出かけて全く物怖じせず、平常心で闘っている姿には、隔世の感があります。

二、富士川留学の頃のドイツ

富士川の留学（一八九八〜一九〇〇）の頃のドイツは、ドイツ史上でも傑出した偉人が現れた時代でした。音楽界では楽聖ルートビッヒ・ヴァン・ベートーベン（一七七〇〜一八二七）が現れ、科学界ではヘルマン・フォン・ヘルムホルツ（一八二一〜一八九四）が世界に名を馳せた時代でした。

ヘルムホルツは、「熱力学の第一法則」を発見した物理学者として、大学の物理学教科書に登場する人物です。ところが、彼は医師であり、生理学者でもありました。生理学者として、ケーニヒスベルク大学教授（一八四九〜）、ボン大学教授（一八五五〜）、ハイデルベルク大学教授（一八五八〜）を歴任。物理学者として、ベルリン大学教授（一八七一〜）、シャルロッテンブルク国立理工学研究所理事（一八八七〜）を歴任しています。

ヘルムホルツの偉大な功績をたたえて、公益法人ドイツ研究センター・ヘルムホルツ協会という現代ドイツを代表する研究組織があります。近年のデータでは、十六の組織から成り、研究者九千人、客員研究員四千五百人を誇っています。

富士川がドイツに留学した頃は、医師であり、生理学と物理学で優れた研究成果を上げたヘルムホルツの活躍した時代だったのです。

一五一七年、マルティン・ルター（一四八三〜一五四六）によるキリスト教の宗教改革が起こり、ドイツはプロテスタンティズムの旗手となりました。富士川は、科学界の巨人とキリスト教文明の新しい巨流とに圧倒されたに相違ありません。

歴史上の先人にうかがうと、新文明の巨流に遭遇した人の人生の選択には二つあることがわかります。一つは、圧倒される文明に出あって、新しいアイデンティティを構築していく人。一つは、自らの育った文明を掘り下げ、自己のアイデンティティを明瞭にしていく人です。富士川は、後者を選んだ方でありました。前者の例には、プロテスタント・バルト神学の継承者となった滝沢克己（一九〇九〜一九八四、九州大学教授）がいます。

富士川がイェーナ大学に留学した頃、同大学にはエルンスト・ハインリッヒ・ヘッケル教授（一八三四〜一九一九）がいました。彼は、医師であり、生物学者であり、哲学者でした。直接指導を受けたかどうかはわかりませんが、ヘッケル五十五歳、富士川三十四歳の出遇いです。師弟の可能性は高いと思われます。富士川は二年間の留学で、ドクトル・メディツィーネ（医学博士）を取得していますす。短期間に高い評価を得られたことが窺えます。

著書『医術と宗教』（書肆心水社、二〇一〇年）に、次のように述べています。

カール・ヘッケルは「今日でも現になお、宗教が神の概念に結合することが必要であり、又宗教は神の概念に関係するのであるということを信じているものが少なくない。しかしながら、インドの宗教すなわち仏教の如きは明らかに宗教の性質を有しておりながら仏教には神の観点を存しておらぬ」と言っておる。ここに神の観念というのはキリスト教における神（Gott）の思考を指すのであることは言うまでもない。いかにも仏教にはキリスト教に説くような全智・全能の創造神の思考は無いのみならず、仏教の開祖たる釈尊は明らかにかような人格神を否定せられたのである。

カール・ヘッケルという人物は見つからないので、カールとはエルンスト・ハインリッヒ・ヘッケルの愛称であった可能性が高いと思われます。

三十四歳の若さで、このように高度な哲学的論議がなされたことに驚かされます。昔の若者は精神年齢が高かったとは、しばしば耳にしたところでありますが、それにしても、深く先鋭な議論に驚くほかありません。

この時代、チャールズ・ロバート・ダーウィン（一八〇九～一八八二）の発表した『種の起源』（一八五九年）が、世界に衝撃を与えていました。宗教改革者マルティン・ルターに始まるドイツ福音主義の流れは、ダーウィンの進化論を認めませんでした。

ヘッケルは、ダーウィンの進化論をドイツに広めた人として知られています。つまり、科学と対立する福音主義（エバンゲリッシュ、キリスト教原理主義）に納得できない医師・生物学者と、富士川は出遇っていたのです。

また、アルトゥル・ショーペンハウアー（一七八八～一八六〇）という「インド哲学の精髄を明晰に語り尽くした」思想家（後世の評価）が現れ、その思想の影響を受けたフリードリヒ・ニーチェ（一八四四～一九〇〇）が『ツァラトゥストラはかく語りき』を著した時代でした。この時代は、ドイツ実存主義哲学の興隆期でもありました。

三、富士川の「新一元論」について

先述しましたように、富士川の出遇ったヘッケルは、ダーウィンの「進化論」をドイツに広めた人でありますが、その結果、キリスト教福音主義に納得できず、一元論的汎神論に傾倒した人でもありました。

これはどういうことでしょうか。

マイスター・エックハルト（一二六〇～一三二八）は、キリスト教の一元論の提唱者として知られています。エックハルトの流れを汲んで、エマヌエル・スヴェーデンボリ（一六八八～一七七二）が、スヴェーデンボルグ神学（神智学―神秘主義的汎神論）を提唱しました。この信奉者には、リンカーンやヘレン・ケラーがいます。日本に禅を学びに来る人も多いようです。ベアトリス・レイン（鈴木大拙夫人）もその一人で、鎌倉円覚寺に留学中、大拙に出遇ったのでした。

キリスト教は、二元論が主流で、一元論は異端です。仏教は、一元論が主流で、二元論は異端です。ショーペンハウアーは「ブッダ、エックハルト、そしてこの私は、本質的に同じことを教えている」という言葉を遺しています。これについて概略を付言したいと思います。ブッダ、エックハルト、ショーペンハウアーに共通するのは、一元論であることです。ショーペンハウアーは、キリスト教の一元論を選ばないで、仏教の一元論を選びました。ここに、ドイツ実存主義哲学の萌芽があります。

哲学・論理学上の「一元論（モニズム）と二元論（デュアリズム）」の論議は広範なもので、なかなか難解です。ここでは、世界宗教の形態的分類という狭い意味で用いることをお許しいただきたいと思います。

一元論・二元論を、われわれ素人が直感的に理解できる表現はないものでしょうか。親鸞仏教センター（本多弘之氏主宰）の嘱託研究員・山本伸裕氏の研究書『「精神主義」は誰の思想か』（日本仏教史研究叢書）に示唆を得て、次のように表現できると判断しました。

二元論は、「恩寵他力」の宗教です。全智・全能の神の恩寵を祈る宗教です。人類の大半は、神の恩寵を祈るのが宗教だと認識していると言ってよいでしょう。一元論は、「本願他力」の宗教です。富士川は「私の言う精神的宗教は、親鸞聖人の宗教です」と言っています。

親鸞聖人は「それ真実《しんじつ》の教《きょう》を顕《あらわ》さば、すなはち『大無量寿経《だいむりょうじゅきょう》』これなり」（『顕浄土真実教行証文類（教行信証）』教巻、『註釈版聖典』一三五頁）と示されます。

安冨信哉（一九四四～二〇一七、大谷大学名誉教授）は、『大無量寿経（仏説無量寿経）』に、「祖型と反復」という神話特有の論理構造があることを指摘します（『親鸞・信の構造』法蔵館）。『大無量寿経』は「神話表現」になっているということですが、神話でなくてももっと身近な表現で今日的に説くべきだという議論があります。しかし、安冨は、神話表現に大事な意味があることを指摘しています。それは、一人の国王が世自在王如来《せじざいおうにょらい》という名の仏の御許《みもと》において説法を聞いて無上の正真道意《しょうしんどうい》をおこし、国をすて王位をすて、一人の沙門《しゃもん》となり法蔵《ほうぞう》と名告《なの》られた。そして「速やかに正覚《しょうがく》を成じ、もろもろの生死《しょうじ》の苦の本を抜かん」との誓願《せいがん》をおこし、「五劫《ごこう》を具足《ぐそく》して、荘厳仏国清浄《しょうごんぶっこくしょうじょう》の行を思惟《しゆい》し摂取《せっしゅ》し」四十八の誓願を立て、成道して無量寿仏（阿弥陀仏）と名告られた、というものです。

安冨は、この「法蔵菩薩と世自在王如来との出遇い」を祖型として、道綽と曇鸞、善導と道綽、法然と善導、親鸞と法然との邂逅へと反復し、永遠回帰をしていくのだ、ここに神話表現の大事な意味があると解釈し、親鸞聖人の次の和讃は、明らかにその証であると受け止めています。

曠劫多生《こうごうたしょう》のあひだにも
出離《しゅつり》の強縁《ごうえん》しらざりき
本師源空《ほんしげんくう》いまさずは
このたびむなしくすぎなまし

（『高僧和讃』源空讃、『註釈版聖典』五九六頁）

これは壮大ないのちの讃歌です。今日的に申せば、「私のDNAは、三十八億年の地球上の生命の歴史にわたって、たくさんの命を経巡ってきた。その間一度たりとも、生老病死の苦しみの海を出離せしめるところの如来本願の強い縁があろうとは夢にも思わなかった。もし源空（法然）聖人にお遇いすることがなかったなら、この度の一生も虚しく終わっていたでありましょう」という意味です。

ここに「仏教徒の生命観」が詠われているわけですが、富士川も、このことを問答集『生死の問題』（厚徳書院）で、詳述しておられます。

したがって、「本願他力の宗教」とは「邂逅と回心《えしん》」の宗教と言ってよいでしょう。亀井勝一郎（一九〇七～一九六六）は浄土真宗を「邂逅と謝念」の宗教と言っています（『愛の無常について』角川文庫）。仏教的には、キリストの「愛」も無常なのです。

『大無量寿経』には、仏に恩寵を祈る心を「罪福信《ざいふくしん》」とし、「真実信」（金剛心）に非ずと説かれます。恩寵を祈る心は、罪福信ずる心に外ならない。富士川の著書『金剛心』には、この教えが視野にあることは申すまでもないことです。親鸞聖人が「祈りの宗教」をどう見ておられたかは、晩年の恵信尼《えしんに》公が娘・覚《かく》信尼《しんに》公に宛てたお手紙「恵信尼消息」第三通（寛喜三年四月十四日の記）に伝えられています。一部を現代訳して紹介しましょう。

寛喜三年四月のこと、風邪をひいて臥しておられた親鸞聖人がお苦しみのなかから「ほんとうはそうであろう」と仰せになりますので、「どうかなさいましたか。うわごとでも申されたのですか」と申しますと、「うわごとではない。床について二日目から、『大無量寿経』をたて続けに読んでいる。またま目を閉じると、お経の文字が全部、はっきりとみえる。なんともこれは納得できないことだ。「人の執心、自力の心はよくよく思慮あるべし」と仰せになって、「経」の読誦をお止めになりました。云々つまり、「人間のはからいの心、自力の執心は何と深い心であろうか、よくよく心得ねばならない」とおおせになったと伝えておられます。

寛喜二年（一二三〇年）から二年にわたり、大変な冷夏に見舞われ、「天下の人種三分の一失」（『立川寺年代記』）する大飢饉（寛喜の飢饉）が生じたと伝えられています。藤原定家の『明月記』にも惨状が詳述されているところです。当時の日本の人口は約五百万人と推量されていますから、百五十万人もの人が餓死し、京都と鎌倉の路地に死体が溢れたと伝えられます。比叡山延暦寺の僧は鎮護国家を祈ること（加持祈祷）が公人としての任務ですから、親鸞聖人も熱病の最中、思わず知らず大飢饉に苦しむ人々の救済を祈って『大無量寿経』を読誦する自身にお気づきになり、深く慚愧なさったことがうかがえます。神仏に恩寵を祈る心、罪福信ずる心は、外に見てこれを裁くのでなく、「内観」し慚愧されるべき心と教えられます。

しかるに、果徳として恵まれた恩徳を歓ぶということは、親鸞聖人の『正像末《しょうぞうまつ》和讃《わさん》』に詠われるところです。

如来大悲《にょらいだいひ》の恩徳《おんどく》は
身《み》を粉《こ》にしても報《ほう》ずべし
師主知識《ししゅちしき》の恩徳《おんどく》も
ほねをくだきても謝《しゃ》すべし

（『註釈版聖典』六一〇頁）

この和讃は「恩徳讃《おんどくさん》」と呼ばれ、富士川は、朝晩の勤行でこの讃を唱う文化の中で育まれたことを忘れてはならないと思います。

キリスト教は、一元論（神秘主義的汎神論）を徹底的に排除します。仏教は、本質的に「摂取不捨の宗教」ですから、二元論との異なりを簡《えら》んでも、排除はしないという歴史を持っています。

富士川が『中央公論』に発表した「新一元論」という論考は、ヘッケルを通して認識されたエックハルトの一元論と区別して「新」という言葉を付せたことがわかります。

富士川は、一九二三年に発表した『佛教の神髄』で、「神は死んだ」（ニーチェの言葉）と完膚なきまでに二元論を否定しておられます。

この書に出遇った私はまだ三十歳でしたから、大いに啓発され同感したことでした。あれから半世紀、二元論が宗教だと思い込んでいる人の多さを前に、「阿《あ》闍世王《じゃせおう》の為《ため》に涅槃《ねはん》に入《い》らず」（『大般涅槃経』、親鸞聖人『顕浄土真実教行証文類（教行信証）』信巻引文、『註釈版聖典』二七七頁）と、如来は一切衆生《いっさいしゅじょう》を摂取《せっしゅ》して捨てたまわず、待って待って待ち続けておられることを思い、大乗仏教は「一切衆生摂取不捨の宗教」であって「排除の論理」ではないという念を新たにしていることを、仏前に表白する次第であります。

富士川は宗教について、二大文明の相違を妥協なく「簡明《かんめい》」（異なりを簡び明らかにする）していています。異文化どうしの対話は、「妥協無き簡明」によって初めて深まるのだと気づかされます。それは、後に紹介する鈴木大拙の米国での講演・講義録の邦訳『神秘主義』にも窺い知るところであります。

キリスト教文明に洗われた明治・大正の日本の知識人が「仏教は一元論である」ことを異口同音に語っているのは、廃仏毀釈の嵐の中で自国の文明を守ろうとしたばかりではなく、日本人のアイデンティティを確認するためであったに違いないと思われます。

富士川は、著書『佛教の神髄』に、仏教を「釈迦教」と「弥陀教」に分類して、弥陀教について次のように明解に解説しています。

阿弥陀仏というのは『大無量寿経』『観無量寿経』等に記載せられてあるところに拠ると、浄土の教主である。浄土というのは阿弥陀仏がその本願によりて成就したまいたる国土で、阿弥陀仏はそこにましまして、現に法を説きたまうのである。阿弥陀は梵語《ぼんご》の「アミタユース」(無量寿と譯す)または「アミターブハ」(無量光と譯す)で、仏とは梵語の「ブットハ」(覚者と譯す)であるから、阿弥陀仏とは無量の寿命と無量の光明とを有する覚者という意味である。覚者というものは自ら真如の理を覚悟して、また能く一切の衆生をして覚悟せしむるものをいうのである。それを略して「弥陀」と名づけるのである。『大無量寿経』に記載せらるるところに拠ると、久遠の昔に、如来が世にあらわれた。その如来の名を世自在王仏と申した。その時、ある国王がありて、その如来の説法を聞きて、王位を棄てて法蔵菩薩と名のり、世自在王仏の許に至りて、仏となりて一切の迷妄を解脱したいという希望を述べ、その指導を乞われた。これによりて世自在王仏は、法蔵菩薩のために広く二百一十億の諸仏の国土を示して、これら諸仏の国土の優劣と、その国に住む人々の善悪とを説きたもうた。法蔵菩薩はこれを聞きて、長時の間、思惟して、諸仏の国土の中の勝れたものだけを選び取りて、四十八箇条の本願を建てられた。四十八の本願というものは、これを要するに、我々の精神の奥底に潜める純真実の要求を十分に言い現わしたるもので、自身に真如の理を悟りて菩提を獲得し、また衆生をしてそれと同一の境地に到らしめんとするの願望に外ならぬものである。法蔵菩薩は、この願望を成就せねば仏陀にならぬと誓いたもうた。そうして、法蔵菩薩はこの願望を成就せんがために精進努力して倦むことなく、長い間の艱難辛苦を経て、遂にその願望を成就して仏陀となられた。それがすなわち阿弥陀仏である。かくのごとくに『大無量寿経』に説かれるところは、素朴的の言葉にて我々の宗教的の感情を述べたものであるから、我々は現代の知識に相応して、その真実の意味を理解せねばならぬ。要するに、法蔵菩薩というのは、衆生が菩提を欣求するの心で、それは真如の理のはたらきである。それ故に、親鸞聖人は『一念多念證文類』に「この一如法界よりかたちをあらわして法蔵菩薩となのりたまいて、無碍《むげ》のちかいをおこしたまうをたねとして阿弥陀仏となりたまうがゆえに報身如来ともうすなり」と説いておられる。真如の理がその儘に作用を現わして法蔵菩薩と名づけられたる人格の上にあらわれたるものと見るべきである。（中略）我々は迷妄の心のはからいを止めて一意専念に阿弥陀仏の法を聴いて、それに信順するところに涅槃に進む道が開かれるのである。我々の心の中に存するところの真如は固より宇宙に遍満するところの真如と同一のものであるから、迷妄の心を厭うて、苦悩から離れんとするところに、真如の理がその儘に作用を起こして、それが諸仏菩薩の人格を通じて我々の心にあらわれて薫習の外縁となり、我々はこの外縁に催されて、真如の理の活動をば慈悲として感知するのである。弥陀教の神髄とするところは実にこの点に存するのである

富士川の『佛教の神髄』とは、「弥陀教の神髄」であることがわかります。二大文明の激流の中で、自らの生まれ育った大地として親鸞聖人の教えを深く尋ねられ、ここに「真実の宗教」があるとの確信に至ったことが仰がれます。

四、著書『佛教の神髄』と『新選妙好人傳』を拝読して

著書『佛教の神髄』では、一神教であれ多神教であれ、「祈りの宗教」（二元論）をはっきりと否定しています。近代科学の典型である「ダーウィンの進化論」も「ビッグバン宇宙論」も、二元論的宗教の破綻を意味しています。先述しましたように、富士川がドイツに留学した頃、ダーウィンの進化論に直面した人類は、史上初めて、二元論的宗教の破綻に直面したのでありました。そのような背景があって、このような先鋭的な論述がなされたのだと思われます。

世に蓮如上人を天才的宗教家と讃ずる人は多いと存じますが、富士川の著書『新選妙好人傳』の「蓮如上人」章を拝読する時、世界第一級の哲人であるとの発見をうかがうことができます。大変丁重に蓮如上人を仰がれて、ご苦労の生涯のご恩徳に深謝しておられます。そして、結びに、次のように述べておられます。

蓮如上人につきて叙述したのはもとより本願寺第八代の法灯を継ぎたる蓮如上人の行化にきいての歴史を挙げたのではない。ただ一個の宗教人として活動せられたる蓮如上人の上にあらわれたる宗教の心を分析して、その宗教の心が上人の日常の生活の上にいかなる影響を及ぼしたかということを略述しようとしたのである。それ故に、この小篇が蓮如上人の伝記でないことはもとより言うに及ばず、また蓮如上人が唱道せられたる教義を挙げてこれを批判しようとしたものでないことは更に弁明を要せぬことであろう。云々。

蓮如上人は、『安心決定鈔《あんじんけつじょうしょう》』（著者不明であるが浄土宗西山派の作とされる）を表に立てて唱道されました。そして、全国的に広まった一遍上人の「踊り念仏」の宗徒を門徒に組み込まれて、ご一代で本願寺を大教団に発展せられたのでした。一方、『歎異抄』は、奥書に「当流大事《とうりゅうだいじ》の聖教《しょうぎょう》となすなり。無宿善《むしゅくぜん》の機《き》においては、左右《さう》なく、これを許《ゆる》すべからざるものなり」（『註釈版聖典』八五六頁）と記して、隠されてしまいました。つまり、驚くべきことに、蓮如上人は、五百年前に既に近代宗教哲学上の「一元論、二元論」の論題に気づいておられたことが窺えるのであります。

この富士川による「世界第一級の哲人・蓮如」の発見は、無論ドイツ留学によって得られた世界宗教哲学の認識があって、初めて可能となるものでありましょう。

もっとも翻って考えますと、親鸞聖人ご在世の頃にも、「他力《たりき》の宗旨《しゅうし》を乱《みだ》る」(『歎異抄』序、『註釈版聖典』八三二頁)として、親鸞聖人が問題になさっていたことがうかがえます。証空房《しょうくう》(法然門下の弟弟子)の一念義は「念仏を恩寵他力」とするものであり、弁長房《べんちょう》(法然門下の兄弟子)の多念義は「念仏を自力修善」とするものであり、法然聖人の教えは「念仏《ねんぶつ》には無義《むぎ》をもつて義《ぎ》とす」(『歎異抄』第十条、『註釈版聖典』八三七頁)と正しておられます。「御消息」(関東の弟子へのお手紙)には、法然聖人はたしかに「他力には無義をもって義とす」と仰せであったとあります。

総じて考えます時、世界第一級の哲人とは、「金剛心」に目覚め、限りなく「罪福信」ずる心を内観慚愧する人でありましょう。

富士川の言う「真実乃宗教」の歴史は、大聖釈迦牟尼仏に始まる名も無きアミタなる世界第一級の哲人によって形成された、ヒマ・アーラヤ（ヒマラヤ／雪の蔵）の如き山脈なのであります。

二〇二〇（令和二）年五月、鈴木大拙著、坂東性純・清水守拙共訳『神秘主義―キリスト教と仏教』（岩波文庫）が出版されました。坂東性純（一九三二〜二〇〇四、真宗大谷派僧侶・大谷大学教授）の「訳者後書き」に、この書の由来が次のように述べられています。

本書は、単に（アメリカの）大学の講壇における講義内容のみでなく、他大学やキリスト教会、仏教会、あるいは精神分析・宗教学・神学・哲学等の分野の学者のセミナー等で語った内容でもあったようである。また、ニューヨークで最晩年、十年近くの歳月を送った、大拙の心中に去来した思索内容を生々しく伝えている。その広がりはかなり多岐に亘っており、初期仏教の教義をはじめとして、華厳・般若・唯識等の主要な大乗仏教思想の他、わけても大拙が大乗仏教の帰結と見ていた禅・浄土思想に広く説き及んでいる。殊に、西欧においては、長い間異端視されてきたマイスター・エックハルトの神秘思想とその境涯を、禅語録に登場する数多の禅者と対比させ、また浄土教の祖師達の思想や浅原才市を代表とする妙好人の信境等を直に対照せしめるなど、空前絶後の対比の試みを事もなげに遂行している。

若い頃、鈴木大拙の対談録に「仏教徒の神秘主義にはろくなものがないが、キリスト教には神秘主義者に本物がいる。仏教とキリスト教とは向きが真逆だが、地球が丸い様にくるっと回って境涯として一致するところがある」という意味のことを仰っておられた記憶があります。その文献が見つからずにいたのですが、この書の出版によって詳しく学ばせていただきました。エックハルトの言葉、禅宗の大家の言葉、妙好人才市の言葉を紹介され、境涯として一致するところを、米国の知識人に語っておられます。

それで気づかされるのは、富士川の『新選妙好人傳』におきましても、妙好人として、浄土真宗の妙好人と禅宗の俳人・高僧が選ばれていることです。

大拙は、竹馬の友・西田幾多郎（一八七〇～一九四五）との親交で、親鸞思想の理解を深められ、妙好人才市の境涯を喜ばれるに至ったと推察されますが、富士川は、同郷の精神科医・呉秀三（一八六五～一九三二）との親交によって禅の境涯に親しんだ可能性があります。呉秀三は、広島藩医・呉黄石の三男であり、母は箕作阮甫（一七九九～一八六三、津山藩医、蘭学者）の長女でした。

富士川の「新一元論」の論考からすると、神秘主義とは袂を分かったと考えられますので、鈴木大拙が語った「神秘主義」について少し付言したいと思います。

「一切衆生悉有仏性《いっさいしゅじょうしつうぶっしょう》」という『大般涅槃経《だいはつねはんぎょう》』の生命観が、日本仏教では「路傍の石にまで、仏性を観る」世界観となり、これを「日本的霊性」とよんでいます。エックハルトの「神秘」思想とは、あらゆる物・事に「神性」が宿る(秘)世界観であり、日本的霊性と共通するとの考えです。それは何処までも「境涯」としての一致でありましょう。

米国には「存在論的な神秘主義」があり、臨死体験として「神の存在証明」を本気で主張する学者もいます。われわれ科学研究の僕としては、断じて首肯できないところであります。

著書『佛教の神髄』と『新選妙好人傳』とは、富士川が第一級の宗教哲学者であり、しかも実践的生活者であったことの証左でありましょう。

五、富士川の郷里の「安芸門徒の伝統」

おわりに、富士川游という希代の医師・医科学者・歴史学者・哲学者を生んだ土徳を訪ねたいと思います。

今日、広島には、廟の運営に全く関わらない純粋な聞法道場として真宗学研鑽のための宗教法人が二つあります。どちらも百年の歴史を誇ります。宗教法人は、廟の運営に対する免税措置で成り立っていますから、この団体には税務署も驚くと聞きます。同じ趣旨の任意団体は五本の指に余ります。科学技術文明の今日、稀代なことであります。何故、このような土壌が生まれたのでしょうか。それは、寺町の報専坊に住した江戸中期の学僧・深諦院慧雲《じんたいいんえうん》（一七三〇～一七八二）に遡ります。慧雲は、甘露社という真宗学研鑽道場を設立し、多くの後進を育てました。「神棚降ろしの慧雲」と呼ばれた人です。中世史の研究者は、その原因を宮島の神道と本願寺安芸教区との門信徒を巡っての対立としていますが、そうではありません。三業惑乱《さんごうわくらん》事件（一八〇一～一八〇六）は、本願寺教団における二元論化を正した事件です。「神棚降ろし」は、門徒の二元論信仰（神仏混交）を正そうとした慧雲の教化に他なりません。

甘露社からは、三業惑乱事件で時の本願寺能化《のうけ》の論釈（二元論）を糾した大瀛《だいえい》（一七五九〜一八〇四）、その従弟・僧叡《そうえい》（一七六二〜一八二六）等の俊英を排出しました。大瀛は結核を患い早逝しましたが、曇鸞《どんらん》の『往生論註《おうじょうろんちゅう》』の釈論『往生論註原要』六巻を遺しています。僧叡は石泉《せきせん》と号し、現在の呉市長浜に僧庵を結び、百有余名の弟子を育て、著述は『無量寿経義疏』二巻、『教行信証髄聞記』六十三巻等六十部に及びます。これらの著作は、蔵書とともに『石泉文庫』（呉市指定文化財）として今日に伝えられています。

こうした安芸門徒の伝統なくしては、富士川のようなスケールの学者は生まれ得なかったでありましょう。現在の広島市安佐南区長楽寺に生まれ、広島医学校に学び、医師として診療に当たりながら『日本醫學史』を著し、学士院恩賜賞を受賞した著名な医学者であるに留まらず、四十数編に及ぶ仏教の論述・著書を遺しておられます。中でも『新撰妙好人傳』は、藤秀璻や鈴木大拙の妙好人研究の先駆となった著作です。

深諦院慧雲の甘露社に遡る二百有余年の安芸門徒の「自信教人信《じしんきょうにんしん》」の伝統が背景にあることを特筆しておきたいと思います。

先に紹介した著書『医術と宗教』が、没後七十年（二〇一〇年）に出版されましたことは、富士川の業績が時代の変容を超えて現代に掘り起こすべき普遍な「誓願」であったことの証左でありましょう。

今一つ願われることは、医療従事者への専門書に留まらず、広く一般読者に読まれる解説書の刊行です。そのような願いから、この度、安佐医師会富士川游顕彰会とビハーラ医療団のご協力で『富士川游の世界』が出版される運びとなりましたこと、随喜に堪えぬものであります。

浅学非才を顧みず、富士川の宗教的背景を尋ねさせていただきました。些か乱暴な論述になりましたことを、伏してお詫び申しあげます。

富士川游と医学・医療観

田畑正久

田畑 正久（たばた まさひさ）

医師。佐藤第二病院院長、龍谷大学客員教授、「西本願寺 医師の会」発起人、大分県宇佐市円徳寺門徒総代。

国立中津病院外科医長、東国東国保総合病院院長、龍谷大学教授などを歴任。

2015年、ビハーラ医療団（代表：内田桂太、田代俊孝、田畑正久）の活動により、公益財団法人仏教伝道協会「第49回仏教伝道文化賞　沼田奨励賞」を受賞。

【著書】『医療文化と仏教文化』『医者が仏教に出遇ったら』（本願寺出版社）、『病に悩むあなたへ』（東本願寺出版）他。

富士川游先生の宗教論の研究的思索は島田雄一郎氏の論文に詳しいが、ここでは、浄土真宗の受けとめや最晩年の著作『医術と宗教』による医学・医療観を記していきたいと思います。

一、仏から賜る信心

(一) 仏の智慧

富士川は哲学、仏教の他宗にも深い造詣がありましたが、仏教、特に親鸞聖人が顕らかにした浄土真宗の信心をいただく立場から医療の姿勢について述べていきます。基本は仏から賜りたる信心ですから、仏の智慧（以後、仏智と言う）をいただくということで、後輩方も私も同一の信心なのです。

医学観を述べるのに、信心がなぜ関係するのかと言いますと、「人間」存在の全体像をどう見るかということが仏智と深く関わっているからです。

富士川は「病気を診るのではなく、病人を診ることが大切」という趣旨のことを言われていますが、このことを、最近では日野原重明先生（一九一一〜二〇一七、聖路加病院名誉院長）、また日野原先生が尊敬されるウイリアム・オスラー（一八四九〜一九一九）も言われています。見識ある多くの医師が同様の発言をされていますが、これは医療者が患者、すなわち人間の全体像をどうとらえるかの深さの違いが問題になるからです。

富士川は、「医学は全人を対象としてその生活状況の全体を対象とするから科学的な観察、哲学的の観察を除きて人間の全像を知ることは到底不可能である」と述べ、「医家が病人に対して、相当の信頼を受け、その職務を十分遺憾なく尽くすためには、（中略）自然科学の方法によりてその目的を達することができる（中略）また精神的の人間であるという事を知り、それに対してその方術を適正に施すためには自然科学と哲学との外に、大いに宗教の力に依らねばならぬのである」と書いています。

今日の多くの医療者は、科学的思考に長けており合理的思考の訓練を受けてきています。しかし、医療者は人間の全体像を医学で学び、臨床経験を積み重ねると、医療者は医学・看護学で全体を把握できているという傲慢に陥る危険性を持っています。日本では科学的思考が「信仰化」されているのではないでしょうか。宗教学者・羽矢辰夫氏は、科学的合理主義の医学・医療の世界を意識して次のように述べています。

「私の人生は一回だけで、死んだら終わり。だから、生きているうちに、楽しいこと、心地よいことをするしかない。私だけが幸せになることが、人生の目的である」。この思考は、人によって程度の差はあれ、虚無主義と快楽主義と個人主義が複雑に絡みあいながら形成されているように思われます。生きることにほとんど意味を見出せないけれど、生きていかざるを得ないので、その基準を、最も生きている実感を得られやすい、個人の快楽に求めようというわけです。とはいえ、いつも楽しく過ごしていたい、それが幸せというものだ、というのであれば、人生の最後は必然的に不幸せです。また、幸せになろうとして、幸せを未来に求めると言うのであれば、現在はつねに不幸せな状態だということになります。今が幸せであれば幸せを求めることはないからです。（中略）この人生観の中に極端なエゴイズムから、自他を大切に思うヒューマニズムまで含まれているのです。

唯物論的な近代科学の見方が、追い討ちをかけます。というより、近代科学が提示するコスモロジーを私たちが受け入れ信仰している結果、といったほうが正しいかもしれません。私たちの世界はすべて物質に還元でき、生命を構成する物質が集積したときに「生」があり、それが分散したときに「死」があります。ただそれだけのことです。「生きている」ことに意味はありません。「生きている」こと自体に意味がないのに、その質（Q.O.L, quality of life）を問う意味はありません。質を問う根拠はどこにもないからです。

この問題提起に富士川は、人間の全体像、人生の大局的視点を考えるときの哲学と宗教の大事さをすでに見抜かれていたのです。

日本の医学・医療界の哲学的、宗教的な思索への配慮のなさは、西洋医学を取り入れ始めた初期に既に指摘されています。黒川清先生（東京大学名誉教授）は、論文「ベルツの『遺言』、日本に『学術の樹』を」の中で、ベルツの発言から、「西欧各国は諸君に教師を送ったのでありますが、これらの教師は熱心にこの精神を日本に植えつけ、これを日本国民自身のものたらしめようとしたのであります」、「（日本に送った教師は科学の樹を育てようとしていたが、）科学の果実を切り売りする人として取扱われたのでした」、「日本では今の科学の『成果』のみをかれらから受取ろうとしたのであります。（中略）この成果をもたらした精神を学ぼうとはしないのです」を引用しています。

また、日本の医学・医療界の哲学・宗教への配慮のなさを、富士川は「宗教と名付けられるものは科学、哲学及び芸術と並びて人間文化の四大要素とせらるべきもので、もしこれまでに人間に宗教と名付けらるるものが無かったらば、その文化が今日のように高等の域に発展することは無かったであろう。また現在にありてももし人間に宗教が無かったらば、その生活は物質的・器械的にして寂寛の状を呈し、暖かい情味に欠けたものに終わるであろう。したがって人間の文化の発展の上に多大の障碍を表わすことは言うまでもないことと思う」と書かれているのです。

仏教の唯識では、科学的思考の医学の問題点について、人間を対象化して客観的に見て、人間存在の生理・病理を解明して治療学で管理支配していこうとする方法論は、「人間」や「生命」を物化、道具化する危険（地獄・餓鬼・畜生の世界になる）をはらんでいることを見抜いているのです。

仏教の人間及び心の内面を見る視点について、宗教評論家のひろさちや氏は、

「人間に宗教は必要なのでしょうか？」という課題に、「人間は宗教を持つから動物と区別されると思います。『動物プラス宗教イコール人間』であり、逆に言えば、『人間マイナス宗教イコール動物』ということです。動物とは、エコノミック・アニマルということもできましょう。宗教を持たない人間は、『損か得か』の経済原理でしか動きません。他人が困ろうが、他国の人が苦しんでいようが、自分たちだけが繁栄すればいいのだという生き方—それがエコノミック・アニマルです。そういう動物に、日本人は成り下がっていると言えないでしょうか」と、問題提起をされています。

(二) スピリチュアル (spiritual)

人間の全体像を考えるとき、一九九八（平成十）年ＷＨＯの理事会による、健康の定義の変更に触れなければなりません。人間、及び人生の全体像の把握をより正確にするため、健康の定義の変更にＷＨＯは動き出しています（富士川の時代にはこの問題提起はありませんでした)。患者の人間としての全体を考えるとき、今までの健康の三要素(1)physical、(2)mental、(3)socialではカバーできない領域として、(4)スピリチュアルな訴え(死ぬために生きているのですか。生きていることに意味はあるのですか、治らないのなら早く死んだ方が楽じゃないですか、など)が、臨床の現場でガン患者から発せられているという事実があるからです。

スピリチュアルは四番目の要因として表現されていますが、要因が四つあって、そのうちの一つというように並立的にあるのではなく、他の三つを底辺として支えている要因としてスピリチュアルという概念が存在していると理解することで、人間存在(自分を含めて)の全体像をよく受けとめられると思います。

患者から発せられる苦痛の中で、表面的(水平的思考)に、病的な異常の有無によって計れるのが三つの要素(1)physical、(2)mental、(3)social、です。苦悩の中で老病死に直面して、その現実を受け止められないがための苦悩の質的な面の訴えが(4)spiritualです。今までの三要素では計れない質的、精神生活の内的深まり、垂直的思考の内観によって気付かされる領域です。

富士川は、人間の苦悩、そして苦の本質を、仏智で次のように受けとめて記しています。「道徳的に内観にありて、（中略）自覚したる醜悪・羸劣の自分を改めて善良のものにしようと努力するのが道徳の本旨とせられるのである」、「内観せられたる自分は思惟の上にあらわれたる自分である。そこに実際に幾多の矛盾を生じ、それが為に苦悩に苦悩を重ねるのである。そうしてかくの如き道徳上の苦悩を除くがために現れるのが宗教の心である」、「我々人間の生活はまことに苦悩に満ちたるものである。しかしながら、かように苦悩となづけられるものが我々人間の生活の全体で、もしこれを除くときは後に何物も残らぬのが現状である。生命があればすなわち苦悩があり、苦悩を除き去れば生命が無くなるのである。却ってその苦悩に直面して明らかにその真相を知るところにあらわるるところの一種特別の感情にもとづきて宗教の心が起こるのである」と示し、道徳的な反省の届かない領域を、富士川は「宗教の心」と表現しています。

仏教は理知分別からいうと異質な世界です。しかし、異質な世界（仏智）に触れて自分の思考の絶対化していたことに気付き、相対化され多様性に導かれるのです。回復不可能な老病死に具体的に直面して発せられるスピリチュアルペイン。その訴えの背後にあるものを洞察する仏教文化の蓄積が、解決の道を示していたのです。富士川は、「その苦悩に直面して明らかにその真相を知るところにあらわるるところの一種特別の感情にもとづきて宗教の心が起こる」と表現しています。仏智をいただく心から見ると、日常を生きる私たち人間を存在そのものの根源に呼び戻すものが、「不安」なのです。それは世間的な良い生活が実現しても解決しない感情です。その思いは、私たちを「存在することの原点」に目覚めさせるように導きます。生かされて生きている「いのち」の本質は、それをごまかして生きようとしても、どこかに不自然さを感じるような、深い、自分でも気がつかないような「願い」を意味しています。親鸞聖人は、この深い「願い」を「如来の本願」として明らかにされました。

仏教の教える「六道、四聖」とは内観の深まりによって人間存在の有り様を、迷いの存在から、目覚めの存在まで明らかにして、迷える存在を智慧ある存在に転じさせよう（ヒトから人間へ、人間から仏へ）とする道です。

富士川は信心の立場から、人間存在の全体像を見抜く智慧の世界に触れて、人間が本当の人間になり、さらに仏へと導かれて行く道に立たれ、人間を丸ごと救う仏のはたらきを自他ともに共有する、医療現場を願っていたのでしょう。

二、医療と仏教の協力

本書中「現在において富士川游を顕彰する意義」の「二、医療と仏教」の項目で記したように、医学・医療は人間の生老病死の四苦の解決を目指しています。しかし、老病死を治療によって先送りしても死を免れません。具体的に老病死に直面した時、日本の医療界は身体的苦痛への対処はかなり可能ですが、老苦、死苦への精神的な配慮は、「死の臨床」研究会、日本スピリチュアルケア学会などでの取り組みの活動がありますが、まだ医療者の理解が少なく、患者を丸ごと救う宗教的な救いへの理解が願われるところです。

富士川は「宗教の心は何れの人々にも必要のものである中に、殊に医家は済生恵人を目的とするところの医術を実行するものであり、日常精神的にも身体的にも又社会的にも低格（弱い立場）となれるところの病人に摂するのであるから、死生の問題を始めとして、すべてに明瞭なる宗教的の思索を有し、また宗教的人格として仁慈・謙虚・忍辱の行をなすことを要するが故に、医家がその術を施すにぁたりて、宗教の心をあらわすことの重要は更に論ずることをまたぬのである」と、まさに現在においても医療に携わる者への生きる姿勢や行動を正す鏡として宗教を示しています。

患者に寄り添い、援助をする医療は病人の全体を幅広く、深く診る視点が求められます。富士川は、「医学をば病人の治療の学とする時は、看護学及び病者保護なども同じく医学の中に算入せられねばならぬことになるであろう」と言い、具体的にはたらきかけられています。

日本の今日的課題として、二〇一二(平成二十四)年より臨床宗教師(チャプレン)の養成が始まっています。医療者はそれぞれの職種の役割を相互理解して分斉をわきまえながら尊重し合い、必要ならばチーム医療として、各職種が役職を果たしながら患者に寄り添うことが願われます。

三、老病死の受容

仏教の真価を発揮できる救いは、「二の矢を受けない」(前述「三、仏教は役割を終えたのか」)ということです。病気の発症は、さとり(信心)があっても縁次第では起こります。仏教では病気がいかなる状況になろうとも、その現実(老病死)を受容して生きる勇気をいただくことが救いとなるのです。多くの医療者は、老病死の受容の世界（文化）との接点がないままではないでしょうか。仏教の学びのご縁ができれば、こんな仏教の世界があったのかと驚きを持って受け取るようになるでしょう。

医療と仏教は生老病死の四苦を共通の課題にしています。その「苦」について考えてみます。「苦」は私の「思い」と「現実」の間に差があることによって、思い通りにならない「苦」として感覚されるのです。普通に考えると「現実」を「思い」の方に近づけることで苦が軽減されます。医療による治療です。元気な「生」へ戻すことが救いであります。しかし、元に戻せない「老病死」は医療の敗北であり、諦めるしかない、死は、「人生は不幸の完成で終わる」という思いです。

仏教は、科学的合理思考からいうと「異質な世界」です。仏智に触れることで私たちの常識の執われの実態に目が覚めるのです。仏教の教える「生死（迷い）を超える道」は、仏智によって私たちの生命の長・短、生・死への執われを超える質的な無量寿（永遠）に摂取され、仏へお任せ（念仏）して、今日、ここを精一杯、自分の役割を果たし（演じて）生ききる道に導いてくれるのです。こうして、医療界の目指す「健康で長生き」の長生きの内容を、「量的長生き」から「質的長生き」に転じることを教えられるでしょう。

富士川は、仏智に触れることを「宗教の心」「浄化」と表現しています。「その苦悩に直面して明らかにその真相を知るところにあらわるるところの一種特別の感情にもとづきて宗教の心が起こるのである。もし既に宗教の心があらわれる時は実際苦悩に左右せられる心が、変化して苦悩に左右せられざるようになる。ここにいわゆる苦悩の浄化が行われるので、しかもそれは決して苦悩の心が消えてしまうのではない」と、富士川は「宗教の心」「浄化」として念仏の救いの世界を表現しています。

富士川の「浄化」の表現は「浄土のはたらき」を表していると思われます。『親鸞聖人御消息』に「信心《しんじん》のひとは、その心《しん》すでにつねに浄土《じょうど》に居《こ》す」（『註釈版聖典』七五九頁）とあるように、念仏者は浄土のはたらきを感得するのです。その場のはたらきの一つに転悪成善（悪を転じて善と成す）があります。過去の失敗、恥ずかしいこと、罪悪感、種々後悔されることなども仏教に出遇うための、なくてはならない貴重なご縁であった、無駄でなかったという見直しに導かれるのです。

医学の基礎の科学的思考は、物事を対象化して客観性を尊重する思考です。この思考で老病死を受けとめることは困難です。そこで仏教の智慧の視点が貴重なのです。このことを理解するために、哲学者ハイデッガーの「人間の思考」についての思索を紹介します。

ハイデッガーは、人間の思考について、計算的思考と全体的（根源的）思考に区別して示されています。計算的思考は物事のカラクリを解明理解して、その結果を現場に適応させて管理支配する思考です。英語「What（なに）」「How（どう）」によって始まる疑問文に応える思考です。西洋医学はこの思考で組み立てられています。

全体的思考は「ものの言う声を聞く」思考であり、そして管理支配しない、英語の「Why（なぜ）」に始まる疑問文に応える思考です。例えば、ウイリアム・オスラーの“Listen to the patient, he is telling you the diagnosis.”（患者の話に耳を傾けなさい。あなたに診断を告げてくれているのだから）に通じる思考と言えるでしょう。症状を訴える患者の全体（局所でなく病人全体）を注意深く観察する時、より正確な診断に結び付くという心でしょう。

それをさらに宗教的感性（仏智）によって深められるならば、老病死の現実、それにまつわる症状の背後に宿されている意味（ものの言う声を聞く）を感得し、心の深層（スピリチュアリティな痛みも含む）に気付いていくことになります。そして、そこから患者の心にも深く寄り添う対応も可能になることが考えられます。さらに、仏智から気付きへと展開して、自然と知らされる人生の物語、「人間に生まれた物語」、「生きることの意味」、「そして死んでいくことの安心」に導かれるでしょう。

人の救いを考える時、医学による治療は老病死の先送り（それはそれで大事な役割があります）であって、人間を本当に救うのは仏教ではないかと、富士川は考えたのではないでしょうか。

臨床の現場で、老病死に直面した患者から発せられる種々の訴え（スピリチュアルペイン）に対しても、仏智によって迷いを超える深い思索を共有できることで、「医療は医療者にお任せ、生きる・死ぬは仏へお任せ、南無阿弥陀仏」という受けとめで、「死」を超える安心《あんじん》へと導かれるのです。

死苦について、富士川は「多くの人が死を忌み、極めて強くこれを恐怖するのは全く死の何物たるやを知らざることに起因すると言わねばならぬ。しかも理性によりて死の恐怖を除くことは出来ない。（中略）死の恐怖はまさに死に当面せる時の恐怖ではなくして、平時にありて死を考えるときにあらわれるところの死の観念の恐怖である」と述べ、さらに「宗教は人間の死を無くするためのものではなく、ただ人間が免れぬることの出来ぬ死の苦悩を無くするものである。死の恐怖を止めしめるものでなく、ただ死の恐怖の為にその平生の生活が脅かされることのないようにするもんである。死ぬることを防ぐのでなくして、如何にして善く死ぬべきかを教えるものである」と記しています。

老病死の苦、貪瞋痴の煩悩が起こってくるとき、本願の声が聞こえる展開に、「念仏者は無礙の一道」（富士川は「浄化」と表現）という世界が開けるのです。老病死の苦悩のたびに仏の喚び声（本願）が聞こえる機会となるでしょう。

富士川は、その心持ちを「宗教の感情は我々人間に来世（浄土）の思想を起さしめる」「理想の境地たる浄土に往くべき仏の教えを信じて疑いのないものであれば、臨終はいかにあろうとも正しく来世の浄土に往くことが定まってしまうから、死に際して何もうろたえ騒ぐことは無い、安心して死ぬることが出来ると言われるのである。（中略）現在に存在する人々が、理想の心境（浄土）として、その死後に求むる心の世界を指すのである」とその心を記しています。梯實圓（一九二七〜二〇一四、仏教学者、本願寺派勧学）は、「生と死の意味を聞き開き、人生を念仏の道場と受け取り、死を浄土が開ける縁であると思い定めるような死生観を与えるのが浄土真宗である」、と富士川の感得された浄土の世界を表現しています。

四、富士川の医療者への願い

富士川の医療者への願いは、「術を実行するところの医家の人格が宗教的であり、従ってこの医術が宗教的の心を本として行われるところに始めて恵人済生の方術が貫徹することが明瞭に知られる。余が一層必要を感じたのは医家をして医術と宗教との親密なる関係を明らかにせしむることであった」というものでした。「宗教の心が十分に現わるることによりて我々は常に迷妄の世界に住しながら、真実の光明に照らされて、自由安楽の生活を営むことが出来るのである」。なお、

富士川の医療者への具体的な願いは安佐医師会の「医の倫理のすすめ」に示されています。（口絵参照）

仏の教え（無量光）に照らされて、「自分の価値は全く否定せられて自ずから謙虚の状態になるのである。道徳の教えを聞きて謙虚の徳が医家に備わらねばならぬことを承知して、常に謙虚の態度に出ようとしてもそれは実際に容易でないが、宗教の心として謙虚はそういう自分の心念のはたらきを無くしたときに本性のはたらきとして自らあらわれるものである。それ故に、宗教の心として謙虚は道徳の心として謙遜よりも、遥かにその力の強いものである。ここに医家が実際にその業務を執るにあたりて、宗教の心のあらわれることを重要とする理由の一つが存すると言わねばならぬ。

仏教では、仏の心をいただくことで人間たりうると教えています。そのことを教えるエピソードを紹介します。

秋元寿恵夫医師は著書の中で、グレッグ博士が一九四六年、コロンビア大学医学部の卒業式で行った講演を翻訳し、紹介しています。グレッグは、優秀とされる医学校の卒業生が社会に出て活動する過程で「身中の虫」として常に心せねばならない要素として、「うぬぼれ Complacency」「忘恩 Ingratitude」「地方人気質 Provincialism」をあげ、これらを医師に限らずエリートなる人々が陥りやすい病に見立てて「CIP症候群」と命名。「CIP症候群」には用心しろと警鐘を鳴らしています。その中で「忘恩」についてグレッグは、大学が医学生を教育する総コストに対して授業料は「七分の一以下」と概算し、医学生は大きな利益を享受していると指摘したうえで、次のように語っています。

「この並外れた利益を諸君にもたらしてくれた人々は、いまはすでに親しくことばを交わせる間柄からはほど遠い世代に属している。またこのような計算は、医師に託したそのあつい信義に対して、いつかは諸君が報いてくれるであろうと期待していた人々に、深く頭をたれて感謝の意を表するのもまた当然であることを思わせるに十分であろう。いわば諸君は賭けられているのだ。それも六対一の勝負で。諸君が必ずや自分が受け取ったものを、のちに社会へ引き渡す立派な医師であることに、多くの人々が賭けているのであるから、どうか諸君、下世話にいう『馬に賭けても人に賭けるな』の実例にならぬように十分に心掛けていただきたいのである」。医師を養成する大学の卒業式で、「馬より劣る人間になるな」と言っているわけです。

私自身が四十歳頃、某公的病院の外科部長として赴任した時のことです。仏教の師からいただいた手紙の一節にあった「あなたがしかるべき場所で、しかるべき役割を演ずるとは、今までお育て頂いたことへの報恩行です」との言葉に、「参った！　南無阿弥陀仏」と念仏させられていたことがありました。

『涅槃経』の言葉を、親鸞聖人が『教行信証』信巻に引用しています。

慚《ざん》はうちにみづから羞恥《しゅうち》す、愧《き》は発露《ほつろ》して人《ひと》に向《む》かふ。慚《ざん》は人《にん》に羞《は》づ、愧《き》は天《てん》に羞《は》づ。これを慚愧《ざんぎ》と名《な》づく。無慚愧《むざんぎ》は名《な》づけて人《にん》とせず

（『註釈版聖典』二七五頁）

罪に対して痛みを感じ、罪を犯したことを羞恥する心が慚愧です。慚愧がなければ、人と呼ぶことはできないと言われています。

また、傷つけまいと思っていても、傷つけてしまうこともあります。さらに続けて、「慚愧《ざんぎ》あるがゆゑに、すなはちよく父母《ぶも》・師長《しちょう》を恭敬《くぎょう》す。慚愧《ざんぎ》あるがゆゑに、父母《ぶも》・兄弟《きょうだい》・姉妹《しまい》あることを説《と》く。善《よ》きかな大王《だいおう》、つぶさに慚愧《ざんぎ》あり」とあり、慚愧の心が人間関係を開くのです。慚愧において初めて人を人として敬うことが成り立つのです。慚愧の心がなければ、人間関係を生きていながらも相手を人として見ることができません。慚愧によって人と人との間を生きる、文字通り「人間」たらしめられるのです。

私たちの分別の思考は、物事を対象化して、いわば三人称的に眺めて、自分の都合に合うか合わないかを判断します。これが行きすぎると自分の周囲を自分の都合に合うか合わないか、敵か味方か、手段、道具のようにみてしまうのです。そうすると一番近い存在でも、利用価値のある物や道具に見てしまう危険に陥ります（空過、孤独）。そこには、心の通い合う親子、夫婦、兄弟、師弟の関係はなくなります。仏智は、私達の科学的思考の至るところは人間性を失う（地獄・餓鬼・畜生）ということを見抜かれているのです。

富士川は医療者へ、「ヒトから人間へ、そして人間から仏（成熟、完成した人間）へ」とその姿勢が進展することを願っていたのです。

仏教精神と看護

―富士川游の思想探究を通して―

佐々木秀美

佐々木 秀美（ささき ひでみ）

教育学博士。広島文化学園大学大学院教授・看護学部教授、日本看護歴史学会理事。

立正佼成会附属佼成病院看護師、呉大学（現・広島文化学園大学）看護学部教授、呉大学大学院看護学研究科教授、広島文化学園大学大学院看護学研究科長・看護学部長、広島文化学園大学副学長、私立看護系大学協会理事、日本看護歴史学会理事長などを歴任。2010年、広島ナイチンゲール賞受賞。

【著書】『新カリキュラムがめざす授業』（医学書院）、『歴史に見るわが国の看護教育―その光と影―』（青山社）、『現代社会と福祉「社会福祉原論」』（共著／ふくろう出版）他。

富士川游の宇宙観・人生観は、『仏教の神髄』（法爾社、一九二三年）、『生死の問題』（厚徳書院、一九四一年）、『親鸞聖人談餘』（中央公論、一九一五年）、『安心生活』（厚徳社、一九三〇年）、『科学と宗教』（春秋社、一九二一年）、『医術と宗教』（第一書房、一九三七年）などの多彩な著作に表れており、仏教徒としての富士川の宗教観・哲学観をも発見することができます。彼が論じる、人間における四苦（生・老・病・死）、さらに八苦の一つである愛する者との別離の苦悩は、日常生活で体験する事象であり、医学・看護学とも無関係ではありません。

私は、富士川の著述「知学的看護法」（『中外医事新報』第四九五〜四九八号、一九〇〇年）と『日本内科全書』（吐鳳堂、一九一三年）から、彼の考える看護について検証、検討しました。富士川には、現在のような看護専門職としての考えではありませんでしたが、内科学に看護を取り込もうとするほどに、病気の回復と看護とは密接な関係があると考えていたようです。

看護の歴史上、看護が宗教と深く結びついて発展してきたことは周知の事実です。フローレンス・ナイチンゲール（Florence Nightingale 一八二〇～一九一〇）がシステム的な教育を開始する前から、人々の生命を脅かす存在としての病気は、地球上、洋の東西を問わず、どこの地域にも認められていましたし、その解釈も、当時の知識・技術の程度を反映し、科学的に解明されるまでは、宗教的儀式や民間療法で解決しようとしていました。そして、わが国における医学の歴史的発展と足並みを揃えるように、明治期中期、ナイチンゲール式看護教育システムが我が国に導入されました。健康に関する健全な哲学と評された、ナイチンゲールの思想的背景に、人道主義思想と相俟ってキリスト教的愛の精神があります。人類愛の根源的な本質は、個人の知性的なものと意志的な内面的なことと、行動として表出される外面的な部分とが一致してはじめて、他者に認識され、理解されるようになります。他方、仏教の慈悲心は、他者に対する思いやりや憐みの心が行動として表出された時に行動化されます。仏教では、そうした苦しみから解放されるために八正道、すなわち、生死を越えたさとりの境地とされる涅槃に至るための八つの実践徳目である、正見、正思惟、正語、正業、正命、正精進、正念、正定を説いています。ゆえに、キリスト教的愛の精神と仏教の慈悲心には、看護の本質があるのではないかと考えられます。そこで、仏教徒として知られる富士川の思想と看護観を手掛かりにしながら、可能な限り、仏教精神と看護の関係について考えていきたいと思います。

一、宗教と科学、そして医術に関する富士川游の見解

一九三一（昭和六）年に著した『科学と宗教』の序文には、宗教が科学と論争しなければならなくなった近代の現象について指摘し、「宗教は科学と同じく我々人類の文化の要素をなすものであり、その領域は異なるので論争をするべきではない。宗教と科学は、互いに影響を受けあうことによってその質は向上する」と論じています。そして、宗教と科学は同質ではないが、両者は相互に作用して人の

精神の中で、その時代の文化を通して精錬されていくと考えました。富士川は、ドイツの哲学者ルードリッヒ・フォイヘルバッハ（Ludwig Feuerbach 一八〇四～一八七二）の〝宗教は自己愛である〟という言葉を引用しつつ、さらに、その教えと義務を果たせば幸福につながるとする考えに共感しています。フォイヘルバッハは、ハイデルベルグとベルリン大学で神学を学んだ後に哲学を学んだ人物です。彼は、宗教は、人間の自分自身からの疎外と、理想的な人間性を虚構上の至高の他者に投影することに、その起源を持つとしました。

富士川は、「宗教も科学も、ともにその根本は我々人類が自然を認識するところに始まるもので、宗教の本質は、科学の所見と矛盾し、又は衝突するものではない。我々がもし不可解の問題に遭遇したとき、知識が全くそのはたらきをしない場合、信仰の領域がここに始まる。我々人間は、不確実なものを確実にしたいが、その答えが見つからない場合、そのことに対する答えを精神科学に求めて、感情上の要求を満足させなければならない」と述べています。我々が信仰と名づけているところの精神作用は思考の一種に属するもので、それは普通の思考と異なって、その根底に、感情のはたらきが甚だ強く動くときにあらわれます。宗教が生命及び世界の意味を明瞭にし、また、これを理解することで、生命の意味を掴み、これによって内的の調和、精神力及び平和が得られるとしたら、信仰の意義がここにあり、加えて仏教のいうところの信心がここに存在するのです。信心とは仏と法とを信ずる心であり、そして仏とは、我々人類の精神が無常の知慧を獲得して、生死の苦界に迷うことなきに至った状態でありましょう。そして、仏となった釈尊の感知したものは、釈尊の身体を通じてあらわれた真理であり、法が釈尊の実行を通じて後の人々に感知せられるのであります。富士川によれば、我々の宗教的認識は主観によって創造せられることが極めて重要であり、宗教的創造の第一歩は神秘を作り出すことだということです。

宗教的認識を主観とする富士川は、医師が持つべき認識は、科学のみでは割りきれない精神の問題であると考えました。富士川の著作『医術と宗教』の序言には、ギリシャの医師であるヒポクラテス（Hippocrates 紀元前四六〇～三七〇）の言葉〝人間を愛することが真にその術を愛する根源なり〟を引用し、医学を志す者の人格として、宗教の心がよくあらわれて、その人格が宗教的になってこそ、医師はその済生の天職を十分に尽くすことができると考えました。富士川によれば、「医師は脳と心とが調和して初めて真正の芸術（art）とすることができる。脳は認知機能を示し、対象に表れた不可解な現象を観察によって認識する。医師は自身が脳内に蓄積した専門的な医学的知識に基づいてその変化を分析・統合する。その結果、不可解な現象は不可解ではなく、原因がその結果として表出されたものであるとの確信に至る。それが医学的診断につながり、適切な施療につながる」としています。その施療を、富士川は医術と呼んでいます。ゆえにartは、問題解決のための脳内の知的活動なのです。心は、患者と向き合う医師の良心であり、徳と深く関わっているのです。

「病人は病みたる人間である」（『医術と宗教』）と述べる富士川の考える医術に

は、自然科学において観察を重要視し、生物としての人間に現れた変化を緻密に確かめ、見逃さず、論理的に思考し、医学的診断に導く能力が含まれます。医師の的確な診断とその治療は患者に信頼と安心感を与えます。病気を、生活調律の障害であるととらえ、その不快感情が苦悩となり死の恐怖に至る、と富士川は考えました。患者が医師に求めることは、早くこの苦悩を取り去ってほしいという願いでしょう。老いて人生のターミナル期にある人、がんなどの病気で終末期にある人が直面することは、生きるために必要な、飲食、排泄などの諸機能が低下、あるいは失われつつあることで、「死」を予知できるがゆえの苦悩でもあります。ゆえに、医師が持つべき能力は、病気の診断に必要な自然科学的思考、論理的思考であると同時に、自然的法則の中で、生物学的思考、哲学的思考、宗教的思考にも渡ります。富士川は、哲学的思考に見られる分析的・論理的思考に加え、いわゆる人生観、宇宙観などに見られる〝観〟が必要と述べています。それは、それらの見方が医師の人格・品格に影響を与えるからです。最後に、疾病に悩む人間の深奥に存するところのものを把握することができなければ、精神的側面に目を向けることはできません。ゆえに、医師は、病者が身体的・精神的人間であることを知り、その方術を適正に施すことが必要なのです。富士川が、医師は脳と心が一致して初めて真正の芸術（art）であるとしたように、ナイチンゲールもまた、看護には〝頭（head）と手（hand）と心（heart）〟の調和が必要であると述べました。

二、富士川が提唱する看護療法

㈠「知学的看護法」にみる看護療法

仏教精神と看護について考える前に、富士川の看護観について考えていきます。

富士川の「知学的看護法」は一九〇〇（明治三十三）年、「中外医事新聞」に掲載された論文です。その論文の文末脚注には、マルティン・メンデルゾーン

(Martin Mendelsohn 一八六〇～一九三〇) が、一八九八年に著した『Die Stelling der Krankenpflege in der wissenschaftl’ Therapie (科学・治療における看護法の活用)』、一八九九年の『Krankenpflege für Mediciner (内科医のための看護法)』を参考にした、と書いています。

(傍点・和訳・・・筆者)

富士川によれば、メンデルゾーンは内科療法を内療法、外療法の二つに大別し、その外療法が知学的看護法であるということです。そして、知学的看護法の治療材料を、物的治療材料と非物的治療材料とに大別します。物的治療材料は、硝子、金属、フランネル磁器、木片などです。非物的治療材料には三種類あり、その一つは身体的、二つ目は精神的、三つ目が衛生的なものです。

　身体的なものとは直接に患者の身体に関わること、例えば、体位変換や身体の清潔などです。二つ目の精神的は、直接・間接的に患者の精神に関わろうとすること、三つ目の衛生的は、病室の構造や装置等のことであり、衛生的で清潔な環境の維持のことです。

富士川は、まず、病気の発生が、環境との相互作用によるとの前提を示し、その前提に成り立って病気が発生するとしたならば、病気の治療にこの刺激を応用すべきと考えました。その刺激とは「自然地学ノ示スカ如ク、化学的、温熱的、器械的ノ類」であり、例えば「薬品療法ハ薬品ノ化学的刺激ヲ応用シ、水療法ハ水ヲ応用シテ主ニ温熱刺激ヲ利シ、按摩法ノ器械的刺激ヲ適用スル」ことです。つまり、病気の治療は、自然科学の刺激、すなわち、化学的、温熱的、器械的刺激を活用することなのです。直接的な刺激の他に、その周辺の一定の微小な刺激を考慮して実施すれば治療の完全性が目指せる、と富士川は考えました。

(二)『日本内科全書』に見る看護療法

一九一三（大正二）年執筆の『日本内科全書』の冒頭に、「療法ノ適用及禁忌・技術及ビ用量ソノ作用ノ科学的説明等ヲ明ラカニスルコトハ、治療の実際ニアリテ緊切トスルトコロナリ」と記述されているように、治療には、説明が十分につけられ、根拠のある適切な知識・技術を用いてあたる必要があると言います。これらの言葉から、富士川が、大正の時代にあって、現在提唱されているEBM(Evidence - Based Medicine)の提唱者であったことがうかがわれます。この本は、栄養療法、看護療法、水治療法、温熱療法について記されていますが、栄養療法は東京帝国大学医学部薬理学教室教授の林春雄(一八七四〜一九五二)が、水治療法は、「医学中央雑誌」を刊行したことで知られる尼子四郎(一八六五〜一九二九)が、温熱療法は、東京帝国大学医学部教授の宮本叔(一八六七〜一九一九)が執筆しています。宮本は広島医学校以来の富士川の友人であり、芸備医学会の創設にも尽力しました。その中で、富士川が執筆したのは看護療法についてです。

富士川は、看護療法と一般的に看護人が行っている看護には大いに相違があると考え、看護法を病者救護と病者看護に分けました。病者救護は、一定の患者及び負傷者に対して救護を行うことであり、行政官・宗教家・慈善団体等が実施する社会的方法です。病者看護は、治療の介助に当たることであり、特別な知識は必要とせずに看護を実施することであり、これを行うのが俗に言う看護人たちであるとして、次のように説明しています。

看護法ト名ズケラレルルモノハ病者救護ト病者看護トヲ主トスルモノニシテ、甲ハ一定ノ罹病者及ビ負傷者ニ対シテ救護ノ道ヲ講ジ、乙ハ一定ノ場合ニ、治療ノ介補ヲナスヲ主旨トス。故ニ、病者救護ハ社会的方法ニ属シ、コレヲ施スモノハ行政官・宗教家・慈善団体等ニシテ、医師ノコレニ参加スルハ僅ニソノ一小部分ナリ。病者看護ハ一定ノ治療方法ヲ介補センガタメニ、ソノ術ノ適応及ビ結果ヲ知悉セズコレヲ施スモノニシテ、ソノ任ニ當タルモノハ看護人ナリ。然ルニココニ言フトコロノ看護療法ハ、前二者ニ反シテ、治療ノ特性・習慣・生活方法及精神状態等ニ注意シテ、以ッテ病機ノ治療ヲ促進スルノ方法ヲ講ズルニアリ、スナワチコレヲ病者看護ニ対シテ医術ニ於ケル

看護トシ

内科的施療に活用する看護療法は、治療の特性・習慣・生活方法及び精神状態等に注意して、病にある者たちの治療を促進する方法を取捨選択して実施するものであり、看護人が行う病者看護に対して医学における看護法である、と富士川は説明しています。続けて、看護が十分にできているか否かは治療の経過に重大な影響を与えるとして、看護の経験的技術に科学的根拠ＥＢＮ（Evidence-Based Nursing）を与えることで、看護療法として治療法に適用しようと考えました。そして、看護療法を物質的と精神的に分け、物質的なことには日常生活を便利にするための器具の工夫なども含みました。精神的なこととは、病人の傍にいて、その心身に影響を与えながら病気の回復を目指すことでした。その上で富士川は、病室、病床、病者の体位、食物、身体の看護、両便の排泄、喀痰の排泄、疼痛に対する処置、熱に対する処置について論じています。

第一には、病室の適切な空気及び換気法、適切な温度及び照輝法についてです。次に重病人の体位変換については、一定の場所に血液が沈下することのないようにする必要があります。加えて、呼吸困難時には上半身を高くしたり、ショック時には低くしたりする、いわゆるポジショニング（positioning）の技法です。食物については、栄養療法の範疇であるとしつつも、看護療法にもその適切な役割があるとして、医師の診断・治療のもとに、食物の調理法、温度、食事時の身体の位置、あるいはその与え方などに注意して、栄養療法の補完をなすべきであるとされます。身体の看護は、皮膚、口鼻耳及び衣服の清潔についてであり、皮膚の清潔は疾病の状態が許す限り、全身浴を推奨し、その都度、衣服も交換し、清潔を保つ必要があるとしています。

また、両便の排泄や喀痰の排泄については、床上での排泄や喀痰粘調度が高く衰弱した患者、あるいは、高齢者には困難が付きまとうとし、適切な方法や工夫をして速やかに排出させる必要があります。喀痰の排出方法には、今日、実施しているタッピング（Tapping）・カッピング（Cupping）などの喀痰の体外ドレナージ法があります。疼痛に対しては、「疼痛ヲ起スベキ刺激ヲ去リ、又ハコレヲ減ズルコトヲ勉ムベシ」と述べました。正岡子規（一八六七〜一九〇二）の著『病牀六尺』は、真に病んで痛みを抱えている患者の悲痛な訴えであります。看護療法は、安全・安楽も含め、療養環境を適切に整える、あるいは日常援助技術などの基本的な要素で構成されており、病者が健康を回復するまでの日常的な支援について論じたものです。

㈢ドイツにおける看護の歴史的変遷

富士川はドイツ留学中に、医学のみならず看護に対する知見も得られたと考えられることから、ここでは、ドイツにおける看護の歴史的発展について概観いたしましょう。ナイチンゲールは一八六〇年に、女性に教育を施して医療の世界で新しく看護師という職業を創出しました。教育修了後、見習い生たちはそれぞれが自己の教育観・看護観を持ち、新たな活動を展開しました。その教育実践は、女性が社会的に有用であるとの証明につながったのです。

ナイチンゲールが看護師になろうと考えたのは、一八四〇年のことです。看護師になることを決意したナイチンゲールと家族との対立は十三年間続きましたが、その最中の一八五一年に、短期間ではありますが、ドイツのカイゼルスウェルト学園で看護について学ぶ機会を得ました。学園の創立者はテオドール・フリードナー（Pastor Theodor Fliedner 一八〇〇〜一八六四）というキリスト教の牧師です。フリードナー牧師が目指したのは、女性たちをディアコニッセ（Deaconess、奉仕女性または女性助祭）として養成し、〝母の家〟という生活共同体に所属しながら、看護・教育などの地域福祉貢献活動を行うことでした。この〝母の家〟という看護方式がドイツにおける看護教育方法として一般的に認識されています。同学園に学んだナイチンゲールは、『カイゼルスウェルト学園によせて』を著し、ドイツにおけるディアコニッセたちが地域社会に貢献していた姿を見て、神に与えられた役割があるのだと述べています。

女性が一人の人格として尊重されること、これは重要な問題でした。ナイチンゲール自身が有する高邁な理想は、病院環境を改善し、悪質な看護師を一掃すること、それは彼女が有する理想的な女性像や看護師像を具現化することであり、医療の分野に新しい専門職を創設することでありました。ナイチンゲール方式と呼ばれた看護教育草創期の教育の特徴は基本的に病院付属の見習い制度であり、①マトロン（Matron）と呼ばれる看護総監督の存在、②寄宿舎におけるホーム・シスターによる教育、③医師による基礎専門教育、④病棟シスターによる実践教育です。このシステム的な教育、特に臨床教授法にも似た医学の基礎教育が医師たちによって行われ、健康な人間の生物学的理解として、人間の解剖学的知識と生理学的な知識が求められました。これらを理解した上で、内科学・外科学について学べるように計画したのです。この方法が良質の看護師を生み出したことから、イギリス医学会にも認められるようになりました。

そして、ナイチンゲール方式はドイツにも導入されます。医療の視点から政治を見ていたドイツのルドルフ・ルートヴィヒ・ウィルヒョウ（Rudolf Ludwig Virchow 一八二一〜一九〇二）は、早い時期から病院及び病院の改革に強い関心を持っていました。病院を改革するためには良い看護職員を訓練することが必要だと考えていたウィルヒョウは、ナイチンゲール方式による看護の教育法を提唱しました。しかし、実際にナイチンゲール方式による看護教育がドイツに導入されたのは、一八八六年にヴィクトリア女王の第一皇女、フレデリック皇后（The Empress Fredrich 一八四〇〜一九〇一）が、ベルリンにヴィクトリア慈善病院を建てた時です。同病院には、聖トマス病院ナイチンゲール看護婦養成学校で教育を受けた、フールマン（Fraulein Louise Fuhrmann）という看護師が責任者として任命されました。

以上、富士川が留学したころのドイツでは、〝母の家〟方式とナイチンゲール方式による看護教育が存在したことを述べました。富士川に影響を与えたと考えられるドイツの医師・メンデルゾーンは、ベルリンのフリードリヒヴィルヘルム大学で医学と看護の教授を務めており、彼の妻はベルリンのレッテ協会（Lette-Verein）に所属し、イギリスの医師との接触を維持、女性たちに看護と食事療法に関する訓練をしていました。ドイツの哲学者フォイヘルバッハの考える宗教と科学についての見解など、西洋の哲学や医学から多大な影響を受けた富士川は、自身の有する仏教徒としての哲学や精神などを統合し、医術に必要な精神性、科学と医学とにおける見解、そして医学における看護の重要性について確証を得たと考えられます。

三、仏教と看護

㈠人の人生における心身の健康

富士川の、宗教と科学、宗教と医術についての見解から、富士川の提唱する看護療法についてお話ししましたが、富士川は決して宗教との関係で看護を論じてはいません。しかし、富士川が提示した看護療法のうち、内科療法への適用については、健康や健康を害した人への回復への支援として、日常生活との関係で論じられています。その理論は、日常生活と病気との関係、病気の回復とその精神性についてであり、ナイチンゲールと同じように見ていたと考えられます。ナイチンゲールの『看護覚え書』には、日常の観察から得られたことであり、課題は看護であることとないことの相違であることが記されています。看護は単に女性が家庭内で家政的な役割を果たすように病院の中で患者の身の回りの世話をすることではない、と考えたナイチンゲールは、キリストの有する人の比類なき尊厳と神の下での平等精神から、平等に扱われていない患者に対して、その精神的側面の安定から独自の哲学を展開しました。彼女は、真の信仰の最高の形は、ただ、「主よ、主よ」と呼ぶことではなく、自身に与えられた仕事に全力を尽くし、心を尽くして行うことであり、そのことがその人の生活であり、それは、日常生活に現れてくるのだと考えました。

ナイチンゲールは、『看護覚え書』で、換気と保温・住居や寝具・身体・部屋と壁・ベッドと寝具類の清潔、特に住居の健康を保つための五つの原則として、清浄な空気と水、効果的な排水、清潔、陽光を掲げ、食事や食物の選択、おせっかいな励ましと忠告、病人の観察や小管理、騒音などについても考察しています。ナイチンゲールは、人がいかにして自分の精神を落ち着かせているかというところから、それができない患者にどうすれば変化を持たせて精神を安定させられるのかを考えることこそ、看護師に与えられた任務であるとしています。ナイチンゲールの『看護覚え書』は、彼女の繊細さと洞察力を十分に駆使して記述されたものです。彼女は、病気というものは発病と同時に回復過程である、その回復は人間が持っている自然の力であると言っています。その自然の力が遺憾なく発揮できるようになるまで、明るい陽光と新鮮な空気で室内の環境を整え、体の衰弱を最小限にするように栄養を補給するといったことが、彼女のいう看護、すなわち、生命維持に必要不可欠な原則である人間のニーズ（needs）を満たすことである、としています。

㈡ 仏教精神と看護

ナイチンゲール方式による看護教育開始後、一八九二（明治二十五）年ごろから、仏教界でも看護教育を開始する動きが見え始めました。一八九四（明治二十七）年設置の「京華看病婦学校」と一八九七（明治三十）年設置の「本派本願寺看護婦養成所」が、これにあたります。これらは、仏教的素養のある看護師を養成し、布教にもつなげようとしました。光明皇后（七〇一～七六〇）は、慈悲心を看護の依りどころとして、救済施設の設置は、仏恩や国恩に報いるための慈善事業の一貫であると主張し、看護のかたわらで病者に対して仏法を語ることも必要であると考えました。奈良時代、光明皇后は仏教に篤く帰依し、夫である聖武天皇（七〇一～七五六）に東大寺、国分寺の設立を進言し、また自身も貧しい人に施しをするための施設〝悲田院〟、医療施設である〝施薬院〟を設置して慈善事業を行った、と伝えられています。

また、浄土宗・知恩院の女性信徒たちによって組織されていた華頂婦人会によって、「華頂看護婦養成所」が一九〇六（明治三十九）年に設立されました。それは、「看護活動そのものが、慈悲心を表明する上で適切」（『仏教と看護』三輪書店）であり、布教活動にも有効であると考えられたからです。慈悲心とは仏教用語であり、他者の苦悩を取り除く（抜苦与楽）ことを望む心のはたらきを言い、他者へのあわれみ、慈しみの気持ちを表現する場合に用いられています。日常生活における人間の苦悩とはつまり、四苦（生老病死）・八苦です。「仏教看護は、人間の生老病死に伴う肉体的・精神的苦痛や苦悩に対して、その人自らがその苦を引き起こしている原因や条件に気付き、その苦を減するための正しい方法を行じて、目指すべき理想の姿に気付き、至ることができるように、個人・家族、集団に対して援助するとともに、看護される者、する者がその関係の中でともに成熟することを目的とする」と述べた藤原氏の言葉が、その姿勢を端的に表しているると思われます。

そして、『仏教と看護』の中で論じられるのは、釈尊の教えの継承と布教です。両著で共通することは、仏教看護の基本であり、病苦を仏法に触れる機縁となるようケアしていくという考え方です。仏教看護において看護者はその善知識として病者に親近し、仏法を介しながら病者を成熟せしむべく、看護に当たることが望まれました。八正道に見る看護の方法として、病人が健康生活を獲得していくための方法論のみならず、看護者の看護実践にも方向性を与え、さらには看護者自らが理想的な健康生活を維持していくための方法論としても有効となると述べます。患者の健康ニーズに即した問題解決の方法を八正道の考え方と対比しながら論じています。藤堂は、現代における医療と宗教の分離・分裂から再統合への基盤が、仏教における生死観の受け止め直しを通して、具体的に構築されるであろうと述べ、ネオブッディズム（Neo-Buddhist movement）による輝くいのちの実現に向けた基盤として大きな意義を持つと考えました。そして、仏陀の「生ある時、死あり、生に縁って老死あり」という言葉を引用し、いかに生を全うし充実するかが重要だとしています。

そもそもわが国では、儒学者であり教育家である貝原益軒（一六三〇〜一七一四）の『養生訓』にも見られるように、〝生老病死〟に関わる人間本来の課題は、日常生活をいかに健康的に暮らし、安寧に長寿を全うするかということだと考えられてきました。富士川は、「人間は他の生物と同じく、自然界の一部として、この世界に生存する、それ故に周囲の自然界によく順応することによりて始めてその生命を持続することができる」（『医術と宗教』）とし、自然界の真相を正しく認識するために必要なのが知能であり、精神の作用であると考えました。富士川の『家庭文化』（厚徳書院）は、結婚、育児、食物、住居、衣服、衛生、教育、経済、行事、宗教などについて論じられた著作であり、家庭という一つの集団生活の中で一定の感情と思考が習慣づき、一定の集団における価値が展開されるとして、家庭を重要視したことがうかがえます。富士川にとって、家庭は一つの宇宙観の総和であったのでしょう。

『安心生活』で富士川は、愛を例にして因果の連鎖を説明しながら、自身の内部の闘争に打ち勝ち、解脱して初めて人の世の苦痛から免れると述べています。観音菩薩には救いの意味があり、『法華経』では、観音が世を救済するに、広く衆生の機根（性格や仏の教えを聞ける器）に応じて、種々の形体で現じるとされています。これを観音の普門示現と言います。観世音菩薩は、あまねく衆生を救うために相手に応じて〝仏身〟〝声聞身〟〝梵王身〟などの姿に変身すると言われています。富士川は、「声聞・縁覚・菩薩・仏の段階があるが、我々は声聞・縁覚の境地より漸次に進みて菩薩となり、竟に仏と成ることが出来る」と述べています。現象の正しい理解が声門であると考えたら、そのことを自身が実行できることが縁覚、そして自身で正しい行動ができるようになったら、他者救済に進むのです。健康問題の解決に向けた看護ケアは、人の人生における四苦への取り組みであり、仏教の言う他者救済につながるがゆえに、〝看護即観音業〟と言われる所以なのでありましょう。

四、おわりに

ここでは、富士川游の仏教に関する思想及び富士川執筆の『知学的看護法』と『日本内科全書』の内容から宗教と科学、医術と宗教と、そして彼の看護観を手掛かりに仏教精神と看護について考えてみました。看護教育が開始された時代と等しく、彼の生きた時代は変革の時代であり、ドイツ医学の影響を受けたと考えられる富士川の思想は、仏教という日本古来の思想をベースに、ドイツ思想を十分に吸収して彼の内面で統合されたものであると思われます。

富士川の知学的看護法や『日本内科全書』で論じた看護療法を内科療法に活用してその治療の効果を最大限にしようという考えは、昨今主張されているEBM

の考え、あるいはＥＢＮの考え方でありましょう。富士川の考え方は明治時代あるいは大正時代にありながら、医療の根本をついており、時代を先取りし、斬新だったのだと思われます。富士川が述べたように、科学で解明されないことについて、その精神を健全に保つための方策は、やはり、起きている現象を冷静に見極め、正しいと思われる言動から始めなければなりません。富士川の思想は、医術には科学を用いるが、宗教によってその精神性を高めることができること、つまり、脳と心とが調和して初めて、医術が真正の芸術（art）となることができるということです。その考えは、ナイチンゲールが、看護は頭と手と心の調和が必要であると述べたこととも一致します。富士川は、日常生活と健康との関連から看護療法の優位性を認めつつ、それを医学の中に取り込もうとしました。両者共に日常生活と健康とが微妙に絡みあっているという点では共通の目的を有していると考えられます。

実地医家の宗教的診察

—現代医療の現場から—

栗田正弘

栗田 正弘（くりた まさひろ）

医師。医療法人忠恕会内田医院内科医師、本願寺派布教使、「西本願寺 医師の会」会員、宮崎県高鍋町称専寺住職。

元宮崎医科大学第二内科勤務。

【著書】『医者と僧侶 二足のわらじ』『続・医者と僧侶 二足のわらじ』『お浄土の光に照らされて』（探究社）他。

ご縁というのは不思議なものだと思います。

二〇一九（令和元）年に福岡で行われたビハーラ医療団の大会に参加した時のことでした。一日目の日程が終わり夜の懇親会に出席しました。その折、偶然横に座っておられたのが桑原正彦先生でした。私が拙書『医者と僧侶 二足のわらじ』（探究社）の話をさせていただくと、「是非一度読んでみたいな」とおっしゃってくださいましたので、後日お送りしました。

それからしばらくして先生からご連絡があり、今度、富士川游先生を顕彰する本を出版するので、そこに寄稿してほしいとのことでありました。明治の時代に医療者として、また仏教者として、希有なご活躍をされた偉人、富士川先生を顕彰する本に、私のような者が寄稿するなど畏れ多いと、当初二の足を踏みました。しかし桑原先生が「栗田先生の文章の中に富士川イズムが流れているから大丈夫」と背中を押してくださいましたので、僭越ながら今回、寄稿させていただきました。御笑覧いただければ幸いです。

はじめに

私は、宮崎県にある浄土真宗のお寺の住職をしております。同時に、近くの診療所で内科医としても勤務しています。平日は主として医者として診療をし、週末は主にお寺の法務を行うという「二足のわらじ」の生活をしています。そんな僧侶と医者という、人間の「老病死」の最前線での仕事を三十年程続けさせてもらう中で、仏教のみ教えを聞かせていただくということが、医療を行う上でもとても大切なことだと痛感するようになってまいりました。今回は、そのことを実際の例を紹介しながらお話ししたいと思います。

一、いのちへの問い

私がまだ研修医期間を終えて間もない頃でした。Eさんという五十六歳の男性を受け持ちました。進行した肝臓がんで積極的な治療はできず、対症療法のみを

行っていました。温厚な方で、回診の時にはいつもニコニコしながら、

「はやく良うならんといかんがなあ」

などと言っておられました。

ある土曜の夜、久しぶりに自宅に帰り夕食をとっていると、突然病院から電話があり、Eさんが冷や汗をかいて腹痛を訴え、血圧も下がっているとのこと。私は車を飛ばして病院へ戻りました。病院に着きEさんを診察した結果、肝臓がんの破裂による腹腔内出血と判明しましたが、もう血圧も下がり手のつけられない状態でした。

家族にそのことを話し、見守ること一日。その間、意識がしっかりしていたEさんは、笑顔を絶やさず看護師さんのいろいろな処置に対し、かえってねぎらいの言葉をかけておられました。

次の日の夜八時頃、Eさんは死期をさとったのか、自分から私と奥さんに対し、

「もう少しだね。お世話になりました」

まいました。

と言い始められました。私は、突然のことに何と答えたらよいか言葉を失ってし

そして続けて、

「先生、私は今、どちらへ向かっていけばいいのかわからない」

と言われました。そのあと、詰めていた親戚の一人ひとりに「ありがとう」と言いながら握手。最後に私や看護師にも手を伸ばして、握手を求められました。その直後、急に全身が硬直しそのまま静かに息を引き取られました。まるでドラマでも見ているような最期でした。

Eさんが亡くなられたあと、私は、死の直前に言われた「どちらへ向かっていけばいいのかわからない」という言葉が、なぜか頭から離れなくなりました。それから三十年以上経った今でも、Eさんとの別れの場面とともにその言葉が度々浮かんでくるのです。私はこの言葉は、Eさんが最後に残してくださった「私は死んだらどうなるのか、私はどこへ行くのか」という、私への「いのちへの問

い」だったのだと思っています。
その後の医者と僧侶の二足のわらじの三十年間は、その問いへの答えを求めての活動だったような気がします。

二、仏教の大切さへの気づき

㈠ 医師と僧侶

つぎに、医者と僧侶の二足のわらじの道を進むことになった経過をお話ししたいと思います。

私はお寺の長男として生まれましたので、将来は父のあとを継いで普通に住職になるものと皆思っていました。しかし私は幼い頃から医者にあこがれていました。

そこで、中学三年の頃にその思いを親にぶつけてみました。すると両親は意外にも賛成してくれました。

父はこう言いました。

「医師は主として体の病を癒やしていく仕事。一方、僧侶は主として心の病を癒やしていく仕事だ。体と心は〝身心一如〟、切り離すことができないものだ。だから心の病も体の病も両方癒やしていくことができれば、こんなに素晴らしいことはないじゃないか。だから両方やったらいい」、と。

私は父の言葉を聞いてその気になり、医者と僧侶の両方を目指すようになっていきました。それで地元の医学部へと進学しました。

(二) 解剖実習での出来事

しかし、大学入学後は医学部の勉強が忙しく、得度してお坊さんにはなったものの、仏教のことは自然と心の隅っこの方に追いやりがちになっていました。

そんな私に、改めて仏教の大切さを再認識させてくれた経験がありました。その一つが解剖実習でした。

私の場合は、医学生四人で一人のご遺体を解剖させていただきました。その解剖の初日のことをいまだに鮮明に覚えています。ご遺体の前に四人並んで立って、黙祷して一礼。教授の「それではメスを入れてください」という指示でメスをお腹に入れることになったのですが、誰もメスを入れることができないのです。誰も生まれてこの方、人を傷つけたことなどないわけですから、畏れ多くてできないのです。皆、譲り合い、実習がなかなか始まりませんでした。

最後は、ある女学生が「じゃあ、私がやります」と、最初にメスを入れて解剖が始まりましたが、「良き医者を世に送り出すために」と自分の体を提供してくださった方のお陰で解剖の勉強をさせていただけるのだと思い、すごく厳粛な気持ちで始めたことを覚えております。忘れられない一日でした。

しかし、それが二カ月、三カ月続きますと、人間とは怖いもので「慣れ」が出てくるのです。始業のチャイムがなると何気なく解剖室に入って前の日の解剖の続きを始める。あの初日の厳粛な気持ちはいつの間にか消えてしまって、普通の作業のようになってしまっていました。そんな時に大失敗をしてしまいました。

ある日、体の内部を深く調べるのに夢中になっていて、そばに置いていた心臓を解剖台から下に落としてしまっていたのです。しかし解剖に夢中になっていた私は、何とそれに気づかず実習を続けていたのです。そこに、たまたま教授が通りかかり、

「栗田君、心臓を落としているじゃないか」

と、こっぴどく叱られました。

私は、心臓を落としたのも気づかずに実習を続けていたことが凄くショックでした。初日にご遺体にメスを入れることさえもできなかった自分が、たった二、三カ月の間に、臓器を落としてもそれに気づかない人間になってしまっていたことに、心が非常に痛みました。

その時、私はこう思いました。この解剖実習は私にとって、人体についての知識を身につける実習ではなくて、自分の人間性を失わせる、人を傷つけても何とも思わないような人間にさせる実習になってしまっているのではないか、と。これではいけない、恐ろしいことだ、と思いました。

(三) 仏教研究会の立ち上げ

それでいろいろと考えた末に、人間性を取り戻すためにも初心に返り、仏教の勉強をもっとしっかりしなくてはと考え、仏教研究会というサークルを学内に立ち上げました。

その旗揚げに、大学祭の時に「いのちの大切さ」というテーマで、講演会を開催しました。講師は近くのお寺の住職に頼みました。しかし講演会のふたを開けてみると、私と司会を頼んだ友達以外は聴講者ゼロ。

講師が、「栗田君、僕もいろいろ講演に行ったけど、聞く人がいない講演会は

初めてだね」とケラケラ笑っておられましたが、そのあと、

「君達二人と、講演する僕も自分の話を聞くから、三人聴衆がいることになる。それで大丈夫だよ」

と言ってくださって、心が救われました。結局、会場近くにいた友達七人に頼み込んで講演を聴いてもらったのですが、その友達が講演に感動して、その後も会に参加してくれることになり、一気に会員九人の仏教研究会になりました。そのメンバーで卒業まで、いろいろなお寺に行ったり、仏教に帰依している医師や看護師の元を尋ねたりして、お話を聞きました。これは、私にとってとてもいい心の肥やしになっています。このメンバーとは今もずっと連絡を取り合っています。

(四) 医者になって仏教が大事だと思った

もう一つ、仏教が大事だなと思うようになったのは医者になってからです。私は大学を卒業すると、肝臓と血液疾患を専門とする内科に入局しました。肝臓は

肝硬変、肝臓がんなど、血液の方は白血病や悪性リンパ腫など、重篤な病気を受け持っていました。その頃は今ほど治療法が進歩しておらず、肝臓がんでも白血病でも、患者さんが次から次に亡くなっていきました。「患者さんをいっぱい助けて幸せにしてあげよう」と意気込んで医者になったのですが、実際に勤めてみると、助けるどころか患者さんを次々に失いお見送りばかりしているのです。

そういう状態で、当時はかなり精神的にも落ち込んでいきました。その頃の日記にこう書いています。

「医師免許を持ち、白衣を着ているだけで、こんな青二才の私に命を預けてくれる。人の命は地球より重たい。そんな重たい命を私は支えていけるだろうか」

「悲しいけれど、患者さんを助けることができない。患者さんはみんな生きたいのだ。みんな死にたくないのです。生きたいから病院に来るのです。だから、医者として精いっぱい患者さんを長生きさせてあげないといけないのに。この責任の重さに僕は耐えられない」

今、この日記を読むと、あの頃、かなり心が折れかけてしまっていたのだなと思います。

㈤ 医療と仏教をテーマに

医者になって五年が過ぎた頃でした。患者さんの治療の合間に疲れ切って医局のソファーに寝転んでいると、ある思いがこみ上げてきました。

「これまでたくさんの患者さんを失ってしまった。やはり医療には限界があるな。そして人間の命にも限りがある。そんな人間の老病死の苦悩を超えた世界を説いているのが仏教なのだ。私も僧侶だ。この辺で一度立ち止まって仏教の勉強を本格的にすべきではないか」

そう思いはじめた私は、居ても立ってもいられなくなって医局を退局させてもらいました。そして京都に行き仏教を基礎から学ばせていただきました。その後帰郷し、それからは「医療と仏教」を生涯のテーマとして日々を送らせていただいています。

三、患者さんとの交流

帰郷後は、僧侶として、医者としていろいろな経験をさせていただきました。その一部を、ここで紹介させていただきます。

(一)いっしょにお寺に行こう

八十代後半のおばあちゃん。以前から親しくしていた方でしたが、ある時、腹痛を訴えて来院されました。超音波検査でお腹の中にがんが見つかり、総合病院を紹介しました。

それからしばらく音沙汰がありませんでしたが、一年程経ったある日、久しぶりに私のもとを訪ねてこられました。

彼女の話では、あれから抗がん剤の治療を何度かしたそうですが、高齢なのでもうこれ以上のきつい治療はやめましょうという話になり、退院してきたとのこと。

彼女は、訴えるように話を続けました。

「一人でいると辛くて、寂しくてたまらない。退院してからほとんど夜が眠れません。昨夜も病気のこと、これからのことを考えたら眠れなくて。眠れぬまま、朝、近所の小道をウロウロしていたら、隣の家の方から、『そういう時の栗田先生でしょうが。すぐ行って話を聞いてもらいなさい』と促されたので、来ました」と。

以前の明るさがすっかり消え、涙ぐみながら語る彼女に対して、私は残念ながら、話を聞く以外に気の利いた言葉をかけてあげることができませんでした。

それから数週間経った頃だったでしょうか、なんと彼女がお寺の法要に顔を見せられました。話を聞いてみると、近所のご門徒さんが元気のない彼女を見かね

て、

「お寺でいいお話が聞けるので、一緒に聞きに行きましょうよ」

と、一緒に車に乗せて法要につれてきてくださったとのこと。

彼女は一時間のご法話を熱心に聞いてくださり、帰り際にこう言いました。

「今日は、お寺に来ていろいろな人に会えて、話ができて嬉しかった。お話もよかった。涙が出たわ。私は小さい頃は、親に連れられてよくお寺にきていたもんじゃ。でも結婚した家が神道だったので、ご法話を聞く機会がなくなってしまった。今度からまた時々来さしてもらうわ」

久しぶりに彼女の笑顔を見ることができ、とても嬉しく、そして彼女を誘ってくれたご門徒さんの優しい心をとてもありがたく思いました。

(二) ウグイス

七十二歳のIさん。お寺のいろいろな法座や報恩講のお供えの餅つきなどの行事に積極的に参加してくださる方でした。また、こよなくお酒を愛する方で、時々行きつけの小料理屋を覗くと、いつもニコニコしながらお酒を飲んでおられました。

そのIさんが首のしこりに気づき、外来を受診しました。精査すると、内臓にできたがんの転移であることがわかりました。すぐに総合病院に紹介し治療、がんは一度消滅したのですが、残念ながら一年以上たって再発してしまいました。

できるだけ家で過ごしたいというIさんの希望で在宅治療を続けましたが、徐々に伏せている日が多くなっていきました。そんなある日、きつい体をひきずるようにしてお寺にお参りに来られました。

「永代経の懇志をあげさせてもらいにきました。どうかあとのことをよろしく頼みます。それと人生の最後に、世話になった友達を呼んで宴会を開いて、酒を一緒に飲みたいと思っています。先生も呼ぶので是非来てください」

ということでした。

しかしその後、痛みがさらに強くなって自宅療養が難しくなり、総合病院に入院しました。私が見舞いに行くと、

「がんが痛くてね。もう早くお浄土に還りたいと思っているのだけど、なかなか簡単にはいきませんね。この前話した最後の宴会、メンバーは決めてあるのだけど、どうやらもう無理のようです。残念です」、と。

そして、

「報恩講の餅つきは、若手のSさんがあとを継いでやってくれるでしょう。いろいろと教えておいたから心配いりませんよ」

と、最後までお寺のことを気遣ってくれました。最後は私の手をしっかり握って「また会いましょう」と、とびっきりの笑顔を見せてくれましたが、それが今生のお別れになりました。

Iさんの葬儀が終わり、満中陰法要が来ました。住職として自宅でお勤めをしたあと、高台にある墓地に納骨しました。私の読経が終わった瞬間でした。私の

頭上から突然、「ホーホケキョ」と、美しいウグイスの鳴き声が聞こえてきました。それを聞いて私は蓮如上人の話を思い出しました。蓮如上人は臨終近い時、弟子らを病床にお呼びになりこう語られたそうです。

「この飼っているウグイスは『法を聞けよ』と鳴く。鳥でさえ法を聞けと鳴くのに、まして我々は人間であり親鸞聖人のお弟子である。仏法を聞かなければ情けないぞ」と。

私は奇しくも鳴いたウグイスの声を聞き、Iさんがもう仏さまとなって還ってきて、ウグイスの声を借りて私に向かって〝仏法を聞け〟と、説いてくださっているのだと思いました。

四、念仏に生きた方

私の周りには、生死を超えて念仏に生きた方がたくさんおられます。そんな方をこの章では紹介させていただきます。

(一) お念仏がこぼれる

私が医者になって初めて在宅で看取ったのは、私の祖母でした。祖母は篤信者で、朝目覚めても、食事中でも、風呂の中でも、夜布団にはいっても「なんまんだぶ　なんまんだぶ」と、いつもお念仏が口からこぼれている人でした。

私は祖母には非常に可愛がってもらいました。三輪車を押してもらったり、ボールで遊んでもらったりしている幼い頃の写真を見る度に、その優しさが思い出されて涙が出ます。

祖母は、私が医学部に入学が決まると大層喜んでくれ、「私が死ぬ時は正弘さんが看取ってね」という言葉がそれからの口癖のようになりました。

はたしてその約束が現実になるときが来ました。

大学を卒業し、医師になってすぐでした。祖母は、肺炎を起こしある病院に入院しました。しかし高齢のため病状は回復せず、危篤状態に陥りました。「最後は家で死にたい」、それが以前からの祖母の願いだったので、担当の先生に無理にお願いし家につれて帰りました。

その日は家族みんな徹夜で痰を取ってあげたり体をさすってあげたりしましたが、次第に呼吸が浅くなり、翌朝、静かに息を引き取りました。祖母との約束通り最後の脈は私が取らせてもらいました。

後日、祖母の遺品の中から、小康状態であった頃に書いたと思われる手紙が出てきました。まず私の両親に宛ててこう書いてありました。

「御院家様ご夫婦へ　お世話になりました。厚く御礼申します。あなた方のお陰で幸福な生涯を送りました。何も不足とする物は一つも有りませんでした。只ありがとうと、御礼申し上げるばかりです。南無阿弥陀仏南無阿弥陀仏」

そして私と姉宛には

「大事にして下さった嬉しさをお浄土まで持っていきます。さようなら」

と書いてありました。そしてその後には、

「いざさらば　死ぬんじゃないの　生まるるの　み親のまってる　お浄土へ」

「お浄土へ　長居はせぬぞ　帰り来て　迷える友の　道案内する」

と、法味あふれる歌が残されていました。

私は、この手紙を読んで、今まで頭の中で理屈でしか理解できていなかった「お浄土」というものを、その時、体全体で感じることができました。

(二) 今救われて心静けき

私の父には幸子という姉がいたそうですが、残念ながら戦時中に、十九歳という若さで肺結核により亡くなったそうです。いまでこそ結核は治療法が確立されていますが、当時は不治の病でたくさんの人が罹患し「国民病」とまで言われていたそうです。そういう絶望感と偏見の中で、必死に書かれたであろう彼女の遺書とも言える手紙が残っています。

お母様へ

やさしいお母様、お母様ともお別れせねばならぬ時が参りつつあります。この世に生を受けて十九年、この長い間一つとしてお母様を慶ばせた事がありましょうか。心配ばかりおかけして不孝のままお浄土へかえって行くのかと思いますと、心苦しい気がいたします。女学校を卒業したら孝行しよう等と、先をあてにしてお転婆ばかり続けました。孝行するどころか、ますます不孝の罪を重ねて行くばかりでございます。

悪い虫が私の胸に巣を作ったばかりに人々に迷惑をかけ、この世にさよならをしなければならなくなりました。悪い虫は私に悪い事ばかり教えます。お母様へ口答えする事や、嫌な顔をする事、お飯を食べない事等、次々に教えて、私の体を滅ぼしていきます。（中略）世間の人は皆「私と虫」を嫌うのに、お母様とお浄土の親様は益々やさしい手をのべて私を可愛がって下さるのでうれしくて泣けてまいります。私はこのまま逝きましても不幸ではございません。お寺に生を受けて十九の今日まで不自由なく皆様に可愛がっていただいて、近頃になって仏様のお慈悲がいただける様になりました。一足先にお浄土へかえっておりますから、お母様もこの世の用事がすみましたら、すぐかえって来て下さいませ。お浄土からは親様がお迎えに来て下さる事になって居りますから心細い事はございません。ではお先に失礼致します。さよなら　お元気で

我がからだ　ほろびて行けど み佛に　今すくはれて心静けき

この手紙を読んで、私は心を揺さぶられました。二十歳に満たない女性が、病とそして死と真正面から向き合っている。そして体は病気に冒されながらも、心は仏さまの摂取の光の中にしっかりと抱き取られておられるのです。

「死は終わりではなくお浄土に還ることです。人の別れは悲しいけれど、また

会える世界があるのですよ」

と、この手紙を通して私に語りかけてくださっているのだと思いました。

㈢ また会いましょう

父は慢性肝炎を患っていて、私が主治医として診ていました。その父が八十歳を過ぎた頃、間質性肺炎を発症。大学病院で治療し一度は寛解したのですが、数カ月後再燃してしまいました。

「もう入院はしたくない。家がいい。お前に任せる」

との父の希望をくんで、在宅で治療を開始しました。そこにはいつもの日常生活がありました。孫たちが学校の行き帰りにベッドサイドに来てくれるのを、父は心待ちにしていました。お風呂にも家族で支えながら入れましたが、温泉好きだった父は「お風呂は気持ちいいなあ」と喜んでくれました。看護師さんたちも一生懸命支えてくれました。

しかし残念ながら症状は改善せず、できる限りの治療を行いましたが効果がみられませんでした。ある時父は、

「これだけみんなに優しくしてもらったのだから、これでも治らなかったら仕方ないよ」

と言いました。私は返す言葉がありませんでした。

弱っていく父を家で治療しながら、自分の心の中には、家族として何としてでも父を助けたいという強い感情と、医者として助けたいけれど厳しいなという客観的な気持ちの両方が、頭のなかでぐるぐると渦巻いていました。そして呼吸状態が更に悪化し、「治療も万策尽きたなぁ。父を助けることはもう無理かも」と思ったとき、今まで頭のなかで葛藤していたものに耐えられなくなり、横にいた妻に、

「治そうと努力したのだけれど治らないんだ、治してあげられない」

と言ったあと、もう涙が止まらなくなってしまいました。

その時に、医学の限界を痛いほど思い知らされました。医者として父を支えようとすればするほど、結局支えきれない自分に気づかされました。

親戚が次々に会いに来てくれました。父は、六歳上の兄には、

「私は両親や兄姉が還っていったお浄土を信じるよ。懐かしい人たちに会わせてもらえる」

と答えて、二人で手を握りあっていました。

仏教婦人会の人たちには、「さようならじゃないですよ。また会いましょう」

と語っていました。

臨終には家族、親戚が皆で父の周りを取り囲み、静かに見送りました。私の子どもや姉の子どもたちは人の死に立ち会ったのはこれが初めてで、皆その夜は眠れなかったようでした。父は人間のいのちの尊さ、そして生老病死の現実を、身をもって示し、孫たちへ最後の説法をしてくれたのだと思いました。

五、医療と仏教

医者になってからいろいろな患者さんと接してきました。その間、健康になり笑顔を取り戻してくださった方もたくさんいましたが、一方でお看取りさせていただいた方もいました。静かに死を受容して行かれた方、病魔の理不尽さに「死にたくない」と怒り叫ばれた方、病気に負けるものかと最後まで闘い抜かれた方等々。目を閉じると、今は亡き方々のお顔が次々に浮かんでくると同時に、医療の限界を痛感します。そのような老・病・死の苦悩を目の当たりにすればするほど、生死の苦悩を超える世界を説く仏教の大事さ、ありがたさを感じます。

寺院のあり方はいろいろで、それぞれの住職が自分の特色を生かして仏法をひろめていけばよいと思っています。私の場合は、住職の役目とともに医療現場にも身を置き、医療と仏教が連携していくような活動をこれからも進めていきたいと思います。そして、医者と僧侶という両面から「いのち」を見つめながら、共々に仏法を聴聞し、お浄土への道を歩んでいきたいと思います。

略年表と主な宗教関連著作

土屋　久

土屋　久（つちや　ひさし）
順天堂大学保健看護学部兼任講師、順天堂大学医史学研究室研究生。
【著書】『生活文化論ノート』（共著／高志書房）、『八丈島の古文書集』（共著／南海タイムス社）、『「共助」をめぐる伝統と創造』（共著／岩田書院）他。

一、略年表

一八六五（慶応元）年　六月六日、広島に生まれる。

一八八〇（明治十三）年　京都・独逸語学校に入学。

一八八一（明治十四）年　広島に帰省。廣島縣病院附属醫学校（のちの広島医學専門学校、現在の広島大学医学部）に入学。

一八八七（明治二十）年　広島医學専門学校卒業。

上京、中外醫事新報社に入社。

一八八九（明治二十二）年　『普通衛生雑誌』『私立奨進醫会雑誌』創刊。

一八九八（明治三十一）年　ドイツ・イェーナ大学へ留学。

一九〇〇（明治三十三）年　帰国。

一九〇一（明治三十四）年　「中外醫事新報」に「西洋偉人伝」の連載始まる。

一九〇二（明治三十五）年　髙島平三郎らと日本児童研究会を創立。

一九〇四（明治三十七）年　『日本醫學史』発行。
一九〇五（明治三十八）年　『人性』を創刊。
一九〇九（明治四十二）年　人性学会を組織。
一九一六（大正五）年　親鸞上人賛仰会を組織
一九一八（大正七）年　同右会の機関紙として「法爾」を創刊
一九一九（大正八）年　同右会を正信協会と改称
一九二三（大正十二）年　活動の拠点を一時大阪に移す。
一九二四（大正十三）年　中山文化研究所・児童教養研究所顧問に就任。中山文化研究所内に婦人精神文化研究会を設ける。
一九二六（大正一五）年　同右研究所から『婦人文化』創刊。同右研究所に「科学と宗教」講座を設ける。
一九二九（昭和四）年　同右研究所から『精神文化』を創刊。同右研究所から『中山文化研究所紀要』を創刊。

一九三二（昭和七）年　広島市五日市に養神館を設立。
一九三五（昭和十）年　『醫箴』を発刊、当時の医療への警告を行う。
一九三八（昭和十三）年　日本醫史學會理事長に就任。
一九四〇（昭和十五）年　十一月六日、往生。

二、富士川游の宗教活動―正信協会と『法爾』

富士川游が真宗の熱心な信仰者であったことはよく知られています。一九一六（大正五）年に親鸞上人賛仰会を組織したのを画期として、彼の後半の人生は宗教活動に特徴付けられていきます。一九一八（大正七）年には、同会の機関紙として「法爾」を発行し、翌年、親鸞上人賛仰会を正信協会と改称します。

富士川は、この正信協会と「法爾」を主な舞台に、親鸞聖人の教えを深め、広めるためにさまざまな活動を展開していくのです。その活動は多岐に渡り、東京・神奈川をはじめとした関東及び西日本各地に正信協会の支部を開設し、そこで講演をおこなうとともに、「法爾」に多くの論考・論説等を載せていきます。

こうした「事業」の具体的な展開については、「法爾」の「雑報」欄をみることにより、その輪郭を確認することができます。「雑報」欄には、正信協会の活動報告が毎号載せられ、号により精粗はあるものの、会の毎月の活動が分かるのです。

正信協会は、一九四〇（昭和十五）年十一月六日の富士川の死とともに実質上の活動を終えています。ただし、実際は富士川の死後四年の間は活動を続けていたようです。それも、太平洋戦争の激化にともない、一九四四（昭和十九）年の総会で解散が決定され、毎月発行されていた機関誌「法爾」も三一一号をもって廃刊されることとなったといいます。

富士川游の宗教活動のより深い理解のために、正信協会の研究と「法爾」の復刊が待たれます。

三、主な宗教関連著作目録（一部医療関連を含）

一八九二（明治二十五）年
「独嘯庵先生の墓」『中外医事新報』第二九六号
一九〇〇（明治三十三）年
「知學的看護法」『中外医事新報』第四九五―四九八号
一九〇四（明治三十七）年
『日本醫學史』裳華房
一九一一（明治四十四）年
『醫科論理學』（淀野耀淳共著）南江堂書店　明治四五年一月十日発行
一九一二（明治四十五）年
『日本疾病史』吐鳳堂
一九一三（大正二）年

「看護療法」『日本内科全書』二巻第一冊　吐鳳堂

一九一四（大正三）年

「二元論的宗教」『人性』第一、二号「人性」発行所

一九一五（大正四）年

「親鸞聖人」『中央公論』九月号　中央公論社

「親鸞聖人談餘」『中央公論』十一月号　中央公論社

一九一六（大正五）年

「二元論的宗教」『精神界』第壱号　精神界発行所

『親鸞上人』無我山房

「新一元論」『中央公論』五月号　中央公論社

「我が見たる清澤師」『精神界』第六号　精神界発行所

『金剛心』洛陽堂

一九一九（大正八）年

『眞宗』至心書房
一九二一（大正十）年
『眞実乃宗教』法爾社
一九二三（大正十二）年
『佛教の神髄』法爾社
一九二四（大正十三）年
『地獄問答』甲子社書房
一九二八（昭和三）年
『信仰と迷信』磯部甲陽堂
一九二九（昭和四）年
『安心法語』
一九三〇（昭和五）年
『實語集』富士川游刊

『安心生活』真宗相愛協会

一九三一（昭和六）年

『科学と宗教』春秋社

『釋尊の教』中山文化研究所

『眞実の宗教』近代社

一九三二（昭和七）年

『弥陀教』中山文化研究所

『迷信の研究』養生書院

『児童の教養』中山文化研究所

『内観の法』中山文化研究所

一九三三（昭和八）年

『友引の迷信』中山文化研究所

『日本醫学史綱要』克誠堂書店

『親鸞上人の宗教』中山文化研究所
『改修・釋尊の教』
一九三四（昭和九）年
『倫理と宗教』中山文化研究所
一九三五（昭和十）年
『宗教講話』第二、三輯　三和佛教會
『實語教』中山文化研究所
『醫箴』克誠堂書店
『宗教の心理』天来書房
一九三六（昭和十一）年
『訂正・内観の法』厚徳書院
『宗教講話』第四輯　三和仏教会
『宗教生活』第一、第二　中山文化研究所

『俳諧寺一茶』（新選妙好人傳・第一編）厚徳書院
『松尾芭蕉』（新選妙好人傳・第二編）厚徳書院
『明恵上人』（新選妙好人傳・第三編）厚徳書院

一九三七（昭和十二）年

『中江藤樹』（新選妙好人傳・第四編）厚徳書院
『改修宗教生活』中山文化研究所
『大和清九郎』（新選妙好人傳・第五編）厚徳書院
『業の問題』山喜書佛書林
『蓮如上人』（新選妙好人傳・第六編）厚徳書院
『医術と宗教』第一書房
『石田梅岩』（新選妙好人傳・第七編）厚徳書院
『香樹院徳龍師』（新選妙好人傳・第八編）厚徳書院
『阿仏尼』（新選妙好人傳・第九編）厚徳書院

一九三八（昭和十三）年

『江戸庄之助』（新選妙好人傳・第十編）厚徳書院

『宗教の教養』第一書房

『讃岐庄松』（新選妙好人傳・第十一編）厚徳書院

一九三九（昭和十四）年

『盤珪禅師』（新選妙好人傳・第十二編）厚徳書院

『母性と宗教』中山文化研究所

『三河七三郎』（新選妙好人傳・第十三編）厚徳書院

一九四〇（昭和十五）年

『聞法生活』中山文化研究所

一九四一（昭和十六）年

『田原お園』（新選妙好人傳・第十四編）厚徳書院

『日本医学史』（決定版）日新書院

『生死の問題』厚徳書院

一九四二（昭和十七）年

『真実の道』中山文化研究所

『瑞祥院釈妙諦尼』中山文化研究所

一九六五（昭和四十）年

『宗教問答』大蔵出版

参考文献

『富士川游先生』「富士川先生」刊行会

『富士川游著作集』全十巻　思文閣

あとがき

富士川游（一八六五〜一九四〇）は、慶應元年に生まれて、明治、大正、昭和（初期）と活躍された医療者、教育者、宗教者でした。

彼の生涯は、日本の激動の時代であり、常に日本の医療界や医療者への願いをもって、常に前を向いた生き方をされました。そして、彼の言動は、常に仏の心に深く触れて教育者としての視点で発言されています。

代表的な言葉は、亡くなる一年前に表装版として発行された「医箴」の中に端的に表現されています。

「医業は、恵人済生の業です。どんな身分の人にも差別なく、大切に、礼儀正しく、清く、正しく、奢ることなく、力の限り治療する職業です」

西洋医学の導入期であり我が国の医学・医療を、いかに進めていくかを熟慮して、それを実行に移してゆきました。医学の進歩のためには、同好会・学会を作ることが必要と考えられて、現在まで続く各種学会の源流は、彼の提唱によるものが多いのです。日本医師会、内科学会、小児科学会、公衆衛生学会、精神医学会、泌尿器科学会などがそれです。当時の彼の人脈が、各種学会の創立に役立ちました。有縁の人達と一緒に尽力して学会が順調に動き始めると、運営を他人に任せて、早々に、裏方にまわっています。日本医事新報社勤務という、日本の医学・医療を俯瞰できる立場にいたことも幸いでした。ドイツ留学での幅広い見聞も刺激になりました。呉秀三、三宅良一、尼子四郎らの郷里広島出身の有能な医学者の惜しまない協力もありました。

富士川游の、生涯を通じての主張は、〝自然科学と人文科学との融合〟でした。天職としての医学・医療は、そのどちらが欠けても成立しないとして、「医箴十二箇条」「医五不可」を出版しました。

富士川游の一生を三期に分けることができます。

第一期は「医学史研究時代」で、その集大成が『日本醫學史』『日本疾病史』に集約されました。

第二期は「日本の医学・医療の推進時代」で、厚い人脈を通じて、各種研究会、学会の創設に尽力しました。

第三期は、「仏教への傾注」でありました。「新撰妙好人伝」「医学と宗教」など多くの著作を執筆しました。彼の生誕地・広島は仏教徒（特に真宗門徒）が多い所であり、浄土真宗の土徳の中で育っています。全国各地の要請に応じて、仏教の講演をし、多くの著書も出しました。

富士川游の生涯は、常に未知の分野への挑戦でありました。彼の揮毫書に「一燈を掲げて暗夜を行く、ただ一燈に頼れ」（江戸後期の儒者、佐藤一斎語録）があります。彼は、まさに、佐藤一斉語録を実践した人でした。

富士川游は、持病の胆石症（胆嚢がん？）が悪化して、胆石症の痛みを、痛み止めを使わず二週間、耐え続けて、最後は安らかに眠ったといわれています。彼の終焉（昭和十五年十一月六日）は鎌倉の自宅でしたが、痛み止めの注射薬（モルヒネ）は、枕頭の仏壇に供えてあったといわれています。

地元の医師会（広島県安佐医師会）では、この日に、彼の生誕地の近くにある〝富士川游顕彰碑〟に参拝をする習わしにしています。更に、新春の行事として、〝富士川游顕彰記念講演会〟を開催して十年以上になります。今回の出版に際しては、この講演会の講師を務めていただいた先生方にもご協力を頂きました。

本書の刊行に際しましては、依頼した七人の著者の皆さまの力作、そして、「まえがき」を頂いた横倉義武先生（日本医師会名誉会長）のご理解がありました。

また、孫にあたる富士川義之先生（東京大学名誉教授）の特別寄稿もいただきました。

また、本著の構想段階からご指導頂いた松田正典先生（広島大学名誉教授）、現代古文及び漢文の解釈をご校閲頂いた狩野充徳先生（広島大学名誉教授）に、深甚の感謝の念を捧げます。

さらに、本文の原稿作成にご協力いただいた窪田節子氏（元看護師、浄土真宗本願寺派僧侶）、広川鈴美氏（元教師、浄土真宗本願寺派僧侶）に感謝いたします。

また、資料の提供を快く承諾していただいた広島県安佐医師会、広島県医師会、広島・岡山医学史研究会、慶應義塾大学図書館、京都大学図書館、広島大学医学部図書館に心からお礼申し上げます。

最後に、本書の校正、装丁、出版を指導していただいた、京都・本願寺出版社の皆さまに深謝いたします。

ありがとうございました。

合掌

二〇二一年 早春　編集担当

桑原　正彦

田畑　正久

富士川游の世界　医学史、医療倫理、そして宗教

2021年10月1日　第1刷発行

著　者　田畑 正久　桑原 正彦　富士川 義之　松田 正典
佐々木 秀美　栗田 正弘　土屋 久

編　集　桑原 正彦　田畑 正久

発　行　本願寺出版社
〒600-8501
京都市下京区堀川通花屋町下ル
浄土真宗本願寺派（西本願寺）
TEL075-371-4171　FAX075-341-7753
http://hongwanji-shuppan.com/

印　刷　株式会社図書印刷同朋舎

BD02-SH1-①01-12　ISBN978-4-86696-024-1